GIGANTES

y ÁNGELES CAÍDOS

JA PÉREZ

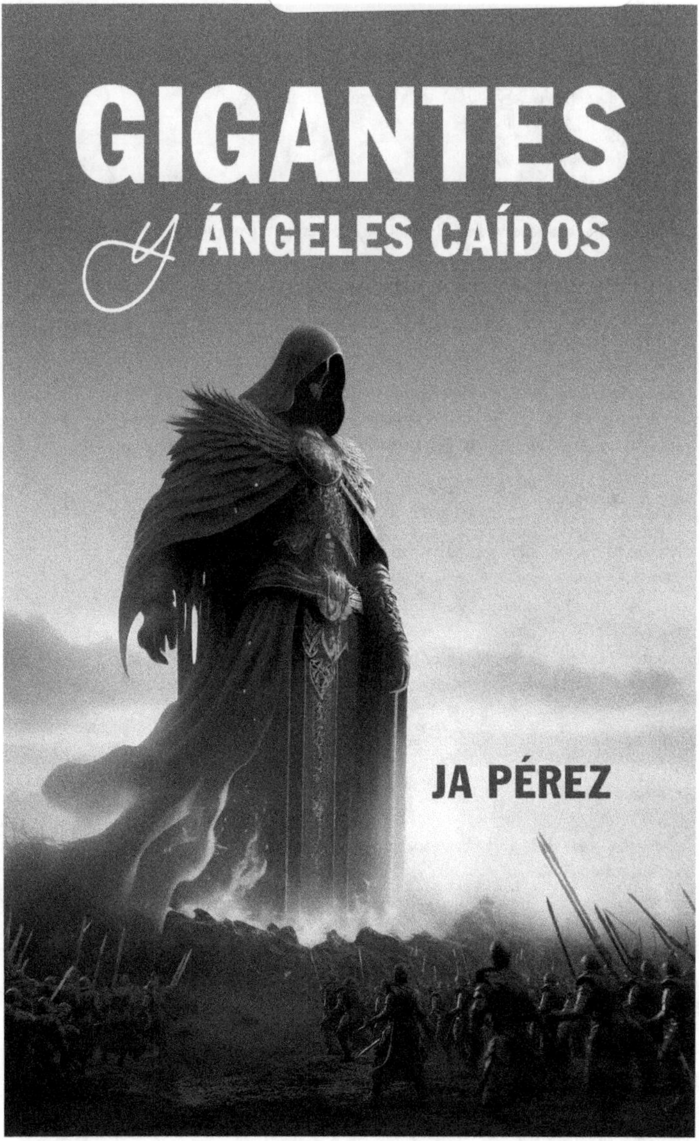

GIGANTES Y ÁNGELES CAÍDOS

Todos los derechos reservados en toda imagen y letra.
Copyright © 2023 por JA Pérez.

Nota de derechos

Todos los derechos reservados. Ninguna parte de este libro puede ser reproducida o transmitida en forma alguna ya sea por medios electrónicos, mecánicos, fotocopiados, grabados o en ninguna otra forma sin el expreso consentimiento escrito de la publicadora.

Nota sobre riesgos

La información contenida en este libro es distribuida "como está" y sin garantías. Ni el autor ni *Tisbita Publishing House* se hacen responsables en cuanto a daños causados por interpretaciones individuales privadas del contenido aquí expuesto.

Marcas registradas

Gigantes y Ángeles Caídos es un título propiedad de JA Pérez, publicado y distribuido por *Tisbita Publishing House*. Todas las otras marcas mencionadas son propiedad de sus respectivos dueños.

Excepto donde se indique, todos los textos bíblicos han sido extraidos de la versión Reina-Valera 1960. © 1960 Sociedades Bíblicas en América Latina; © renovado 1988 Sociedades Bíblicas Unidas. Reina-Valera 1960™ es una marca registrada de la American Bible Society.

Créditos de portada

Imágenes usadas en la portada creadas por (1) Sketchepedia y (2) Freepik. Sección: Inteligencia artificial. Diseñada en Tisbita Publishing House.

Tisbita Publishing House

Puede encontrarnos en la red en: www.tisbita.com
Reportar errores de imprenta a errata@tisbita.com
Contactar al autor en: www.japerez.com

ISBN: 978-1947193482

Printed in the U.S.A.

Los hijos de Dios tuvieron hijos con las mujeres de este mundo, que fueron los gigantes de los tiempos antiguos. Éstos llegaron a ser guerreros muy fuertes y famosos. Génesis 6:4 TLA

Uso de traducciones bíblicas

Citas bíblicas marcadas con las letras **RVR1960** provienen de la Reina Valera Revisada de 1960. Reina-Valera 1960 ® © Sociedades Bíblicas en América Latina, 1960. Renovado © Sociedades Bíblicas Unidas, 1988. Utilizado con permiso.

Las letras **NTV** indican La Santa Biblia, Nueva Traducción Viviente, © Tyndale House Foundation, 2010. Todos los derechos reservados.

TLA indican Traducción en Lenguaje Actual. Copyright © 2000 by United Bible Societies.

NVI indican NUEVA VERSIÓN INTERNACIONAL® NVI® © 1999, 2015 por Biblica, Inc.®, Inc.® Usado con permiso de Biblica, Inc.® Reservados todos los derechos en todo el mundo. Used by permission. All rights reserved worldwide.

RVA-2015 indican Version Reina Valera Actualizada, Copyright © 2015 by Editorial Mundo Hispano

ESV The Holy Bible, English Standard Version. ESV® Text Edition: 2016. Copyright © 2001 by Crossway Bibles, a publishing ministry of Good News Publishers.

Donde no se indique la versión, especialmente si se cita un versículo dentro de párrafo, todos los textos bíblicos han sido extraídos de la versión Reina-Valera 1960 ® © Sociedades Bíblicas en América Latina, 1960. Renovado © Sociedades Bíblicas Unidas, 1988. Utilizado con permiso.

Usos gramaticales

En este libro, el uso de mayúsculas en algunas palabras o pronombres tiene el propósito de acentuar respeto, o universificar conceptos.

Siempre para referirme a Dios en tercera persona uso Él (con acento y en mayúscula la primera letra).
Para referirme a algo que pertenece a Dios uso Su (con mayúscula en la primera letra), sin embargo, al citar textos bíblicos, respeto cuando aparece con minúscula para no alterar la manera que lo usa cada versión.

De igual manera, respeto al citar la Reina Valera 1960 o la Reina Valera Antigua el uso de antiguas reglas ortográficas, como por ejemplo el acento en la é de éstos o éstas o el uso del punto y coma para terminar una oración y luego comenzar la otra línea con mayúscula.

Uso nosotros en lugar de vosotros porque escribo primordialmente para Latinoamérica, sin embargo cuando es parte de la traducción bíblica que estoy usando, por supuesto lo dejo intacto para no alterar las citas.

CONTENIDO

INTRODUCCIÓN

¿Quiénes son esta raza de gigantes que aparece en la Biblia? ¿De dónde vienen? ¿Por qué quiso Dios exterminarlos?

En este libro estaremos hablando de todo lo relacionado con los gigantes, su origen, sus descendientes, por qué debían ser exterminados. Estudiaremos sus culturas, los pueblos que formaron, las guerras en que participaron, y los misterios relacionados.

Estudiaremos sobre ángeles caídos y su influencia desde antes de los días de Noé y participación en eventos futuros.

1

LOS NEFILITAS: UNA RAZA HÍBRIDA

¿De dónde vienen los gigantes?

> *Había gigantes en la tierra en aquellos días, y también después que se llegaron los hijos de Dios a las hijas de los hombres, y les engendraron hijos. Estos fueron los valientes que desde la antigüedad fueron varones de renombre. Génesis 6:4 RVR1960*

Siempre se ha dicho que los gigantes son el fruto de la unión entre *los hijos de Dios* y *las hijas de los hombres.*

Antes de ver quienes son *los hijos de Dios* y *las hijas de los hombres,* debemos notar que (al menos en la Reina Valera 1960) el texto menciona que ya había gigantes en la tierra antes que *los hijos de Dios* llegaran (tuvieran relación) con *las hijas de los hombres.*

El texto dice: «y también después». Es decir, que habían ya

gigantes antes de esta unión, y después, «que se llegaron *los hijos de Dios* a *las hijas de los hombres*».

Si la unión de estas dos especies produjo gigantes, lo cual sería una raza híbrida, también podemos decir que antes de esta unión ya había gigantes, por lo menos al leer la Reina Valera 1960.

Sin embargo, al revisar otras traducciones y el lenguaje original, nos damos cuenta que es precisamente en la RVR1960 donde vemos esta conjugación.

Otras traducciones no mencionan antes y después. Nos dicen sólamente que los gigantes salieron de esta unión.

Veamos otras traducciones.

> *Los hijos de Dios tuvieron hijos con las mujeres de este mundo, que fueron los gigantes de los tiempos antiguos. Éstos llegaron a ser guerreros muy fuertes y famosos. Génesis 6:4 TLA*
>
> *Al unirse los hijos de Dios con las hijas de los seres humanos y tener hijos con ellas, nacieron gigantes, que fueron los famosos héroes de antaño. A partir de entonces hubo gigantes en la tierra. Génesis 6:4 NVI*
>
> *En esos días y durante algún tiempo después, vivían en la tierra gigantes nefilitas, pues siempre que los hijos de Dios tenían relaciones sexuales con las mujeres, ellas daban a luz hijos que luego se convirtieron en los héroes y en los famosos guerreros de la antigüedad. Génesis 6:4 NTV*

En la NTV vemos que se usa la palabra «nefilitas».

Algunas traducciones en inglés (como las ESV y NLT) usan esta palabra (Nephilim).

La palabra Nephilim o Nefilitas se puede traducir como «caídos» (fallen ones) [1].

Es la transliteración al español de una palabra hebrea que probablemente significa «los que hacen caer» o «los caídos».

Aunque se ha sugerido que el término proviene de la forma causativa del verbo hebreo nafál: «caer», y de ahí la expresión «los que hacen caer», «los derribadores».[2]

Esta palabra se traduce simplemente como «gigantes» en varias traducciones.

A lo largo de la historia, diversas traducciones de la Biblia han versado esta expresión hebrea de diversas formas, siendo sin embargo, la más común «gigantes». Por ejemplo, la Septuaginta (años 200 a 50 a.C.), versión al griego del antiguo testamento hebreo, traduce esta expresión como γίγαντες (gigantes)[3] y la versión católica Vulgata latina (siglo IV) como gigantes [4].

Ahora. Si los gigantes fueron fruto de la relación entre «*los hijos de Dios*» y «*las hijas de los hombres*», entonces la primera pregunta sería: ¿Quiénes son *los hijos de Dios*?

2

¿QUIÉNES SON LOS HIJOS DE DIOS?

Algunos teólogos desde siglos atrás decían que *los Hijos de Dios* eran ángeles. Otros que eran descendientes de la línea de Set.

Por ejemplo. Eusebio de Cesarea [5], Justino Mártir [6], Clemente de Alejandría, Orígenes, Tertuliano, Ireneo de Lyon y Atenágoras de Atenas identifican a «*los hijos de Dios*» con ángeles [7].

Sexto Julio Africano (c. 160 - c. 240) condena la opinión de que «*los hijos de Dios*» eran ángeles, y san Agustín de Hipona, en su libro La ciudad de Dios, dio la interpretación que se ha dado desde entonces como tradicional en la Iglesia Católica, que enseña que la expresión «hijos de Dios» en ese pasaje bíblico se usa para referirse a los descendientes de Set, llamados así por su amor al Dios judeocristiano, y quienes se unieron con las descendientes de Caín para dar lugar a aquellos caídos [8].

Pero… ¿qué dice la Biblia?

Primera mención:

> *…que viendo **los hijos de Dios** que las hijas de los hombres eran hermosas, tomaron para sí mujeres, escogiendo entre todas. Génesis 6:2 RVR1960*

Esta frase «*los hijos de Dios*» es mencionada en Job, y se refiere a ángeles.

> *Un día vinieron a presentarse delante de Jehová los hijos de Dios, entre los cuales vino también Satanás. Job 1:6 RVR1960*
>
> *Aconteció que otro día vinieron **los hijos de Dios** para presentarse delante de Jehová, y Satanás vino también entre ellos presentándose delante de Jehová. Job 2:1 RVR1960*

Presentes en la creación

Los hijos de Dios estaban presentes cuando Dios creó la tierra. Es decir que es un orden de seres creados antes de esta tierra y antes de Adán.

> *¿Dónde estabas tú cuando yo fundaba la tierra? Házmelo saber, si tienes inteligencia. ¿Quién ordenó sus medidas, si lo sabes? ¿O quién extendió sobre ella cordel? ¿Sobre qué están fundadas sus bases? ¿O quién puso su piedra angular, Cuando alababan todas las estrellas del alba, Y se regocijaban todos **los hijos de Dios**? Job 38:4,7 RVR1960*

Posiblemente, el argumento principal a que ángeles caidos tuvieron relaciones sexuales con mujeres es que los ángeles no tienen sexo.

Para este argumento se usa este pasaje:

Mateo 22:23—30 RVR1960

23 Aquel día vinieron a él los saduceos, que dicen que no hay resurrección, y le preguntaron,
24 diciendo: Maestro, Moisés dijo: Si alguno muriere sin hijos, su hermano se casará con su mujer, y levantará descendencia a su hermano.
25 Hubo, pues, entre nosotros siete hermanos; el primero se casó, y murió; y no teniendo descendencia, dejó su mujer a su hermano.
26 De la misma manera también el segundo, y el tercero, hasta el séptimo.
27 Y después de todos murió también la mujer.
28 En la resurrección, pues, ¿de cuál de los siete será ella mujer, ya que todos la tuvieron?
29 Entonces respondiendo Jesús, les dijo: Erráis, ignorando las Escrituras y el poder de Dios.
30 Porque en la resurrección ni se casarán ni se darán en casamiento, sino ***serán como los ángeles de Dios en el cielo.***

Este texto es usado para establecer que los ángeles no pueden casarse y no pueden procrear. El texto está hablando de «levantar descendencia».

Sin embargo —y este es el argumento de algunos teólogos y padres de la iglesia— el texto en Génesis puede estarse refiriendo a ángeles que perdieron su primer estado.

Note que el texto dice: …serán como los ángeles de Dios «en el cielo», no en la tierra.

Veamos lo que dice Judas.

3

ÁNGELES CAIDOS

Y a los ángeles que no guardaron su dignidad, sino que abandonaron su propia morada, los ha guardado bajo oscuridad, en prisiones eternas, para el juicio del gran día... Judas 1:6 RVR1960

Dice el texto que estos ángeles no guardaron su dignidad.

La palabra «dignidad» en la traducción LBLA se traduce como «señorío original». La KJV (en inglés) los traduce «first stage». Es decir, estos ángeles perdieron su «primer estado».

También dice el texto que «abandonaron su propia morada».

¿De qué morada está hablando Judas?

Pablo se refiere al cuerpo como «morada».

> *...en quien vosotros también sois juntamente edificados para morada de Dios en el Espíritu. Efesios 2:22 RVR1960*
>
> *Porque sabemos que si nuestra morada terrestre, este tabernáculo, se deshiciere, tenemos de Dios un edificio, una casa no hecha de manos, eterna, en los cielos. 2 Corintios 5:1 RVR1960*

Muchos piensan que cuando Jesús dijo que iba a preparar moradas para nosotros en el cielo, se estaba refiriendo a casas.

Sin embargo, Pablo habla de cuerpos celestiales.

> *Y hay cuerpos celestiales, y cuerpos terrenales; pero una es la gloria de los celestiales, y otra la de los terrenales. 1 Corintios 15:40 RVR1960*

De esto hablo a más profundidad en el libro Teología Sistemática para Latinoamérica [9].

Es interesante que Judas hace referencia a lo que sucedió en Sodoma y Gomorra en el versículo que sigue después de mencionar a los ángeles que abandonaron su morada.

> *...como Sodoma y Gomorra y las ciudades vecinas, las cuales de la misma manera que aquellos, habiendo fornicado e ido en pos de vicios contra naturaleza, fueron puestas por ejemplo, sufriendo el castigo del fuego eterno. Judas 1:7 RVR1960*

Vicios contra naturaleza

Evidentemente, los ángeles que vinieron a Lot en Sodoma y Gomorra tenían aspecto de varón, tal así que los hombres perversos de la ciudad querían tener relaciones con ellos.

Génesis 19:1—5 RVR1960

1 Llegaron, pues, los dos ángeles a Sodoma a la caída de la tarde;
y Lot estaba sentado a la puerta de Sodoma. Y viéndolos Lot, se
levantó a recibirlos, y se inclinó hacia el suelo,
2 y dijo: Ahora, mis señores, os ruego que vengáis a casa de
vuestro siervo y os hospedéis, y lavaréis vuestros pies; y por
la mañana os levantaréis, y seguiréis vuestro camino. Y ellos
respondieron: No, que en la calle nos quedaremos esta noche.
3 Mas él porfió con ellos mucho, y fueron con él, y entraron en su
casa; y les hizo banquete, y coció panes sin levadura, y comieron.
4 Pero antes que se acostasen, rodearon la casa los hombres de la
ciudad, los varones de Sodoma, todo el pueblo junto, desde el más
joven hasta el más viejo.
5 Y llamaron a Lot, y le dijeron: ¿Dónde están los varones que
vinieron a ti esta noche? Sácalos, para que los conozcamos.

La frase «los conozcamos» en este contexto, en el lenguaje bíblico significa tener relación sexual (Génesis 4:1; Génesis 4:17; Jueces 11:39).

La NTV lo traduce de esta manera:

> *Y le gritaron a Lot: —¿Dónde están los hombres que llegaron para pasar la noche contigo? ¡Haz que salgan para que podamos tener sexo con ellos! Génesis 19:5 NTV*

Ángeles con aspecto humano

Vemos en varios lugares en la Biblia la aparición de ángeles en forma humana.

Josué y el varón con la espada desenvainada

> *Josué 5:13—15 RVA-2015*
>
> *13 Sucedió que estando Josué cerca de Jericó, alzó los ojos y miró;*
> *y he aquí que un hombre estaba delante de él, con su espada*
> *desenvainada en su mano. Josué, yendo hacia él, le preguntó:*
> *—¿Eres de los nuestros o de nuestros enemigos?*
> *14 Él le respondió: —No. Yo soy el Jefe del Ejército del SEÑOR,*
> *que he venido ahora. Entonces Josué, postrándose en tierra*
> *sobre su rostro lo adoró y le preguntó:—¿Qué dice mi Señor a su*
> *siervo?*
> *15 El Jefe del Ejército del SEÑOR respondió a*
> *Josué: —Quita las sandalias de tus pies, porque el*
> *lugar donde tú estás santo es. Y Josué lo hizo así.*

Josué vió «un hombre». La Reina Valera 1960 dice «un varón».

Amplío más en detalles sobre la aparición de ángeles y sus conversaciones con seres humanos en el libro Angelología: La doctrina de los Ángeles [10].

Mención de El Libro de Enoc

Otra cosa que menciona Judas es lo que «profetizó Enoc».

> *De estos también profetizó Enoc, séptimo desde Adán, diciendo: He aquí, vino el Señor con sus santas decenas de millares... Judas 1:14 RVR1960*

¿Dónde encontramos las profecías de Enoc?

Existe un libro apócrifo conocido como «*El Libro de Enoc*».

Este libro no es reconocido por las reglas usadas para el canon bíblico, y no aparece en nuestra Biblia. Sin embargo sí está incluido en la Biblia de canon Etíope.

Teniendo en cuenta que es apócrifo, y tomándolo como literatura no inspirada por Dios, podemos revisar algunas de las cosas que describe *El Libro de Enoc.*

El Libro de Enoc contiene material único sobre los orígenes de los demonios y gigantes (nefilitas), y sobre por qué algunos ángeles cayeron del cielo.

A este voy a dedicar un capítulo más adelante en este libro. Por el momento quiero solo notar la mención que Judas hace de este, para luego ampliar más tarde.

Por ahora sólo quiero extendernos más en el entendimiento sobre quiénes son estos «ángeles que no guardaron su dignidad».

Ángeles en prisiones de oscuridad

Pedro habla de estos ángeles caídos.

> *Porque si Dios no perdonó a los ángeles que pecaron, sino que arrojándolos al infierno los entregó a prisiones de oscuridad, para ser reservados al juicio... 2 Pedro 2:4 RVR1960*

Note que estos ángeles no fueron perdonados. Además vemos que fueron arrojados a prisiones.

Pedro menciona lo que sucedió con Jesús durante su muerte y resurrección, cuando «fue y predicó a los espíritus encarcelados» y es interesante que menciona que estos desobedecieron, «en los días de Noé». Es decir, los conecta a Génesis 6.

1 Pedro 3:18—20 RVR1960

18 Porque también Cristo padeció una sola vez por los pecados, el justo por los injustos, para llevarnos a Dios, siendo a la verdad muerto en la carne, pero vivificado en espíritu;
19 en el cual también fue y predicó a los espíritus encarcelados,
20 los que en otro tiempo desobedecieron, cuando una vez esperaba la paciencia de Dios en los días de

Noé, mientras se preparaba el arca, en la cual pocas personas, es decir, ocho, fueron salvadas por agua.

Entonces, vemos que esos espíritus encarcelados están conectados con Génesis 6, en los días de Noé. Cuando leemos Génesis 6 vemos la mención de los Gigantes que son producto de la relación de ángeles caídos y mujeres terrenales, y esta es la antesala al diluvio.

Vamos a leer detenidamente el texto antes de comenzar a hablar de los Gigantes con más detalles en el próximo capítulo.

Génesis 6:1—8 NTV

1 Luego los seres humanos comenzaron a multiplicarse sobre la tierra, y les nacieron hijas.
2 Los hijos de Dios vieron a las hermosas mujeres y tomaron como esposas a todas las que quisieron.
3 Entonces el Señor dijo: «Mi Espíritu no tolerará a los humanos durante mucho tiempo, porque solo son carne mortal. En el futuro, la duración de la vida no pasará de ciento veinte años».
4 En esos días y durante algún tiempo después, vivían en la tierra gigantes nefilitas, pues siempre que los hijos de Dios tenían relaciones sexuales con las mujeres, ellas daban a luz hijos que luego se convirtieron en los héroes y en los famosos guerreros de la antigüedad.

5 El Señor vio la magnitud de la maldad humana en la tierra
y que todo lo que la gente pensaba o imaginaba era siempre y
totalmente malo.
6 Entonces el Señor lamentó haber creado al ser humano y
haberlo puesto sobre la tierra. Se le partió el corazón.
7 Entonces el Señor dijo: «Borraré de la faz de la tierra a
esta raza humana que he creado. Así es, y destruiré a todo ser
viviente: a todos los seres humanos, a los animales grandes, a los
animales pequeños que corren por el suelo y aun a las aves del
cielo. Lamento haberlos creado».
8 Pero Noé encontró favor delante del Señor.

Antes de comenzar a hablar sobre los nefilitas y la línea de gigantes que sobrevivió el diluvio, quiero tocar algo más sobre ángeles en prisiones. Me refiero a los cuatro ángeles atados en el Éufrates.

4

LOS CUATRO ÁNGELES ATADOS EN EL ÉUFRATES

> *El sexto ángel tocó la trompeta, y oí una voz de entre los cuatro cuernos del altar de oro que estaba delante de Dios, diciendo al sexto ángel que tenía la trompeta: Desata a los cuatro ángeles que están atados junto al gran río Éufrates. Y fueron desatados los cuatro ángeles que estaban preparados para la hora, día, mes y año, a fin de matar a la tercera parte de los hombres. Apocalipsis 9:13—15 RVR1960*

Estas son las palabras de una voz que Juan escucha proveniente de los cuatro cuernos del altar de oro (v.13). Estos cuatro cuernos del altar aparecen en Éxodo 27:2 en la descripción del mandato a construir el altar de bronce para el tabernáculo.

Esta voz ordena al sexto ángel con la trompeta que libere a los cuatro ángeles que están cautivos en el río Éufrates, localizado en la antigua frontera entre Asiria e Israel.

Una vez más, Apocalipsis nos recuerda que, en última instancia, Dios tiene el control de estos eventos, permitiendo o anunciando cada uno de ellos.

¿Quiénes son estos cuatro ángeles?

Sabemos que estos son ángeles caídos porque se describen como «atados». Y esto lo vemos en el texto de la segunda carta de Pedro que ya he mencionado antes. Lo leeremos otra vez, detenidamente.

> *Porque si Dios no perdonó a los ángeles que pecaron, sino que arrojándolos al infierno los entregó a prisiones de oscuridad, para ser reservados al juicio... 2 Pedro 2:4 RVR1960*

La orden de desatar a estos cuatro ángeles caídos viene desde el altar de Dios y es entregada al sexto ángel que tenía la trompeta.

Esta orden consiste en desatarlos para que hagan daño. Esto es juicio de Dios. Aún los ángeles caídos son usados por Dios quien en Su soberanía tiene control sobre todas las criaturas aún las que se han rebelado.

Misión futura de los cuatro ángeles del Éufrates

La misión de estos cuatro ángeles caídos es: «matar a la tercera parte de los hombres».

Esto nos confirma que estos cuatro ángeles son seres con un poder especial.

La región del Éufrates, donde están atados estos cuatro ángeles, tiene una relación notoria con el pecado humano. El primer asesinato se cometió, no lejos del jardín de Edén, en la región del Éufrates (Génesis 4:8).

No voy a extenderme hablando sobre el juicio aquí. Eso lo hago en detalles en el libro Escatología: La doctrina del futuro del cuál doy más detalles al final de este libro.

Sólo quiero aquí notar que en este evento donde muere la tercera parte de los hombres se menciona a un ejército de 200 millones (v.16).

Vemos una relación entre este ejército y los reyes del oriente. Note que esta sexta copa es derramada también sobre el Éufrates —el mismo lugar de donde son desatados estos cuatro ángeles caídos.

> *El sexto ángel derramó su copa sobre el gran río Éufrates; y el agua de este se secó, para que estuviese preparado el camino a los reyes del oriente. Apocalipsis 16:12*

Estas profecías son los juicios, antesala a la gran y final batalla que culmina con la segunda venida de Cristo.

Es interesante notar la participación de ángeles que han estado atados en el Éufrates desde antes de Noé, es decir en «el mundo antiguo».

Pedro, en el contexto menciona al mundo antes de Noé.

> *...y si no perdonó al mundo antiguo, sino que guardó a Noé... 2 Pedro 2:5 RVR1960*

En otro texto (que ya mencioné en el capítulo anterior), vemos que Pedro en su primera carta, también relaciona a los ángeles encerrados en prisiones, con lo sucedido antes del diluvio en los días de Noé.

> *...en el cual también fue y predicó a los espíritus encarcelados, los que en otro tiempo desobedecieron, cuando una vez esperaba la paciencia de Dios en los días de Noé, mientras se preparaba el arca, en la cual pocas personas, es decir, ocho, fueron salvadas por agua. 1 Pedro 3:19,20 RVR1960*

Entonces la pregunta sería, ¿fueron estos cuatro ángeles, parte del grupo de «*los hijos de Dios*» que tuvieron relación con «*las hijas de los hombres*» de donde vinieron los gigantes?

Creo que esa sería una buena pregunta.

5

LOS NEFILITAS QUE SOBREVIVIERON EL DILUVIO

Los hijos de Anac, Emitas y Zomzomeos

La maldad había crecido sobre la tierra, y Dios se dispuso a borrar de la faz de la tierra a todo ser humano. El juicio en forma de diluvio. Con la excepción de Noé y su familia, toda la raza humana, incluyendo esta raza híbrida de gigantes habría de perecer. Pero algo sucedió en la familia de Noé que hizo que el gen de esta raza de gigantes traspasara el filtro y floreciera en subsecuentes generaciones.

Los nefilitas: un gen híbrido

> *En esos días y durante algún tiempo después, vivían en la tierra gigantes nefilitas, pues siempre que los hijos de Dios tenían relaciones sexuales con las mujeres, ellas daban*

a luz hijos que luego se convirtieron en los héroes y en los famosos guerreros de la antigüedad. Génesis 6:4 NTV

La idea de una raza de seres de gran estatura que proceden de la unión de dioses y seres humanos aparece en la mitología griega[11], y es parte de la literatura antigua. Es interesante que estos seres según la mitología aparecen como «héroes y famosos guerreros», igual a como lo menciona el texto en Génesis.

Las historias de amor solían incluir el incesto, la seducción o violación de una mujer mortal por parte de un dios, resultando en una descendencia heroica. Estas historias sugieren generalmente que las relaciones entre dioses y mortales son algo a evitar, incluso las relaciones consentidas raramente tienen finales felices [12].

Menciono esto de la mitología para mostrar lo común que era en la literatura antigua lidiar, aceptar, sea en realidad o leyenda el concepto de gigantes nacidos de la unión entre humanos y otros seres.

En el caso de Génesis, estamos hablando de texto bíblico real e histórico. Hablaremos de familias de gigantes, donde habitaron y qué hicieron.

Podemos consultar también la historia secular, las evidencias de excavaciones donde se han encontrado huesos de seres enormes, y aún las fotos de gigantes de la era más reciente.

Comencemos por los descendientes de Noé.

Si los gigantes fueron destruidos en el diluvio... ¿Cómo se explica que luego aparecen en la región de Canaán?

Vamos a los descendientes de Noé.

Descendientes del diluvio

Génesis 6:9—13 RVR1960

9 Estas son las generaciones de Noé: Noé, varón justo, era
perfecto en sus generaciones; con Dios caminó Noé.
10 Y engendró Noé tres hijos: a Sem, a Cam y a Jafet.
11 Y se corrompió la tierra delante de Dios, y estaba la tierra
llena de violencia.
12 Y miró Dios la tierra, y he aquí que estaba corrompida;
porque toda carne había corrompido su camino sobre la tierra.
13 Dijo, pues, Dios a Noé: He decidido el fin de todo
ser, porque la tierra está llena de violencia a causa de
ellos; y he aquí que yo los destruiré con la tierra.

En ese texto anterior, vemos que Noé engendró tres hijos «Sem, a Cam y a Jafet».

Seguidamente, vemos que Dios se dispone a traer el diluvio. En los textos después de este pasaje encontramos los detalles del mandato que Dios entrega a Noé, incluyendo las especificaciones para la construcción del arca.

En los capítulos 7 y 8 vemos la narración de todo lo que sucedió durante el diluvio.

Vemos que después del diluvio, la tierra fue llena de los descendientes de los hijos de Noé.

> *Y los hijos de Noé que salieron del arca fueron Sem, Cam y Jafet; y Cam es el padre de Canaán. Estos tres son los hijos de Noé, y de ellos fue llena toda la tierra. Génesis 9:18,19 RVR1960*

Después del diluvio algo sucedió con Cam. Note en el texto que Cam es el padre de Canaán.

Génesis 9:18—22 RVR1960

18 Y los hijos de Noé que salieron del arca fueron Sem, Cam y Jafet; y Cam es el padre de Canaán.
19 Estos tres son los hijos de Noé, y de ellos fue llena toda la tierra.
20 Después comenzó Noé a labrar la tierra, y plantó una viña;
21 y bebió del vino, y se embriagó, y estaba descubierto en medio de su tienda.
22 Y Cam, padre de Canaán, vio la desnudez de su padre, y lo dijo a sus dos hermanos que estaban afuera.

Noé maldice a Cam su hijo.

> *Y despertó Noé de su embriaguez, y supo lo que le había hecho*

> *su hijo más joven, y dijo: Maldito sea Canaán; Siervo de siervos será a sus hermanos. Génesis 9:24,25 RVR1960*

Recuerde que el texto dice que Cam es el padre de Canaán. Es decir que los descendientes de Cam, habitaron la región de Canaán.

Más adelante notamos que en Canaán había gigantes. Es decir que estos gigantes vinieron por la línea de Canaán, lo que nos dice que parece ser que la esposa de Cam traía el gen de esta raza híbrida.

Es interesante notar que esta descendencia de Cam, trae una maldición, como leímos antes, y no ha de extrañarnos que Dios da órdenes de exterminar a estos habitantes de Canaán.

De hecho, hay mandatos posteriores de exterminar gigantes, lo cuál veremos más tarde.

Por el momento, vamos a Canaán.

Primero. Vemos que Dios le dice a Moisés que envíe hombres a reconocer la tierra de Canaán.

> *Y Jehová habló a Moisés, diciendo: Envía tú hombres que reconozcan la tierra de Canaán, la cual yo doy a los hijos de Israel… Números 13:1,2 RVR1960*

Este comité exploratorio encontró que en la tierra de Canaán había gigantes.

Los hijos de Anac

> *Y les contaron, diciendo: Nosotros llegamos a la tierra a la cual nos enviaste, la que ciertamente fluye leche y miel; y este es el fruto de ella. Mas el pueblo que habita aquella tierra es fuerte, y las ciudades muy grandes y fortificadas; y también vimos allí a los hijos de Anac. Números 13:27,28 RVR1960*

¿Quiénes eran «los hijos de Anac»?

Era una raza de gigantes.

> *También vimos allí gigantes, hijos de Anac, raza de los gigantes, y éramos nosotros, a nuestro parecer, como langostas; y así les parecíamos a ellos. Números 13:33 RVR1960*

Los Emitas

Una raza de gigantes conocidos como los Emitas.

> *(Los emitas habitaron en ella antes, pueblo grande y numeroso, y alto como los hijos de Anac. Por gigantes eran ellos tenidos también, como los hijos de Anac; y los moabitas los llaman emitas...) Deuteronomio 2:10,11 RVR1960*

Los Zomzomeos

> *(Por tierra de gigantes fue también ella tenida; habitaron en ella gigantes en otro tiempo, a los cuales los amonitas llamaban zomzomeos; pueblo grande y numeroso, y alto,*

> *como los hijos de Anac; a los cuales Jehová destruyó delante de los amonitas...) Deuteronomio 2:20,21 RVR1960*

Vemos que tanto los hijos de Anac, como los Emitas y también los Zomzomeos, eran razas de gigantes que vinieron de la línea de Cam a Canaán y se extendieron a otras regiones.

6

EL PLAN PARA DESTRUIR A LOS GIGANTES

En la toma de Canaán Josué ha de destruir a sus habitantes, pero además de eso, vemos el mandato de Dios específico por eliminarlos en varias etapas.

Las destrucción de los Zomzomeos

> *(Por tierra de gigantes fue también ella tenida; habitaron en ella gigantes en otro tiempo, a los cuales los amonitas llamaban zomzomeos; pueblo grande y numeroso, y alto, como los hijos de Anac; a los cuales Jehová destruyó delante de los amonitas...) Deuteronomio 2:20,21 RVR1960*

En la toma de todos estos territorios por los hijos de Israel, notamos detalles, por ejemplo, este rey de los gigantes que había quedado durante la destrucción.

> *Porque únicamente Og rey de Basán había quedado del resto de los gigantes. Su cama, una cama de hierro, ¿no está en Rabá de los hijos de Amón? La longitud de ella es de nueve codos, y su anchura de cuatro codos, según el codo de un hombre. Deuteronomio 3:11 RVR1960*

¿De qué tamaño era un gigante?

En este texto vemos inclusive el tamaño de su cama.

Un codo tiene aproximadamente 45 centímetros (casi medio metro). Es decir que 9 codos son un poco más de 4 metros, o 13.28 pies de largo [13].

Para darle una idea. Una persona de estatura alta hoy en día acá en Norte América sería una persona de 6 pies de altura.

¿Se imagina usted la estatura de alguien que usa una cama de 13.28 pies de largo?

David: Destructor de gigantes

En la vida de David, vemos varios eventos que envuelven gigantes.

Estos gigantes envueltos en guerras contra el pueblo de Israel. Y vemos grandes hazañas de parte de David y sus valientes.

1 Crónicas 20:4—8 RVR1960

4 Después de esto aconteció que se levantó guerra en Gezer
contra los filisteos; y Sibecai husatita mató a Sipai, de los
descendientes de los gigantes; y fueron humillados.
5 Volvió a levantarse guerra contra los filisteos; y Elhanán hijo
de Jair mató a Lahmi, hermano de Goliat geteo, el asta de cuya
lanza era como un rodillo de telar.
6 Y volvió a haber guerra en Gat, donde había un hombre
de grande estatura, el cual tenía seis dedos en pies y manos,
veinticuatro por todos; y era descendiente de los gigantes.
7 Este hombre injurió a Israel, pero lo mató Jonatán, hijo de
Simea hermano de David.
8 Estos eran descendientes de los gigantes en Gat, los
cuales cayeron por mano de David y de sus siervos.

Aquí vemos la mención de un gigante que tenía 24 dedos, 6 en cada mano y en cada pie, lo que nos deja ver algunas de las características de esta raza.

Vemos más sobre un evento donde un gigante trata de matar a David.

> *E Isbi-benob, uno de los descendientes de los gigantes, cuya lanza pesaba trescientos siclos de bronce, y quien estaba ceñido con una espada nueva, trató de matar a David; mas Abisai hijo de Sarvia llegó en su ayuda, e hirió al filisteo y lo mató.*

Entonces los hombres de David le juraron, diciendo: Nunca más de aquí en adelante saldrás con nosotros a la batalla, no sea que apagues la lámpara de Israel. 2 Samuel 21:16,17 RVR1960

Para darnos una idea de la intensa guerra de David en la que gigantes fueron destruidos podemos ver el resto de este pasaje que es paralelo al mencionado antes en el libro de las Crónicas. En 2 de Samuel el evento es mencionado como una segunda guerra contra los filisteos.

2 Samuel 21:18—22 RVR1960

18 Otra segunda guerra hubo después en Gob contra los filisteos; entonces Sibecai husatita mató a Saf, quien era uno de los descendientes de los gigantes.
19 Hubo otra vez guerra en Gob contra los filisteos, en la cual Elhanán, hijo de Jaare-oregim de Belén, mató a Goliat geteo, el asta de cuya lanza era como el rodillo de un telar.
20 Después hubo otra guerra en Gat, donde había un hombre de gran estatura, el cual tenía doce dedos en las manos, y otros doce en los pies, veinticuatro por todos; y también era descendiente de los gigantes.
21 Este desafió a Israel, y lo mató Jonatán, hijo de Simea hermano de David.
22 Estos cuatro eran descendientes de los gigantes en Gat, los cuales cayeron por mano de David y por mano de sus siervos.

Es bueno notar que a este Goliat que se menciona aquí, las Crónicas le llaman «hermano de Goliat geteo».

Y usted conoce la historia de David y Goliat que de niño le enseñaron en la escuela dominical o en el catecismo.

La descripción del enorme tamaño de Goliat

1 Samuel 17:4—7 RVR1960

4 Salió entonces del campamento de los filisteos un paladín, el cual se llamaba Goliat, de Gat, y tenía de altura seis codos y un palmo.
5 Y traía un casco de bronce en su cabeza, y llevaba una cota de malla; y era el peso de la cota cinco mil siclos de bronce.
6 Sobre sus piernas traía grebas de bronce, y jabalina de bronce entre sus hombros.
7 El asta de su lanza era como un rodillo de telar, y tenía el hierro de su lanza seiscientos siclos de hierro; e iba su escudero delante de él.

La altura de Goliat. Seis codos es aproximadamente 3 metros de altura. La cota de malla dice el texto que era de «cinco mil siclos de bronce» lo que equivale a peso de aproximadamente 220 libras [14].

Sólo la punta de su lanza pesaba 600 siclos, lo que es alrededor de 15 libras [15].

El desafío y victoria de David

1 Samuel 17:41—51 RVR1960

41 Y el filisteo venía andando y acercándose a David, y su
escudero delante de él.
42 Y cuando el filisteo miró y vio a David, le tuvo en poco;
porque era muchacho, y rubio, y de hermoso parecer.
43 Y dijo el filisteo a David: ¿Soy yo perro, para que vengas a
mí con palos? Y maldijo a David por sus dioses.
44 Dijo luego el filisteo a David: Ven a mí, y daré tu carne a las
aves del cielo y a las bestias del campo.
45 Entonces dijo David al filisteo: Tú vienes a mí con espada y
lanza y jabalina; mas yo vengo a ti en el nombre de Jehová de
los ejércitos, el Dios de los escuadrones de Israel, a quien tú has
provocado.
46 Jehová te entregará hoy en mi mano, y yo te venceré, y te
cortaré la cabeza, y daré hoy los cuerpos de los filisteos a las aves
del cielo y a las bestias de la tierra; y toda la tierra sabrá que hay
Dios en Israel.
47 Y sabrá toda esta congregación que Jehová no salva con
espada y con lanza; porque de Jehová es la batalla, y él os
entregará en nuestras manos.
48 Y aconteció que cuando el filisteo se levantó y echó a andar
para ir al encuentro de David, David se dio prisa, y corrió a la
línea de batalla contra el filisteo.

49 Y metiendo David su mano en la bolsa, tomó de allí una piedra, y la tiró con la honda, e hirió al filisteo en la frente; y la piedra quedó clavada en la frente, y cayó sobre su rostro en tierra.
50 Así venció David al filisteo con honda y piedra; e hirió al filisteo y lo mató, sin tener David espada en su
mano. 51 Entonces corrió David y se puso sobre el filisteo; y tomando la espada de él y sacándola de su vaina, lo acabó de matar, y le cortó con ella la cabeza. Y cuando los filisteos vieron a su paladín muerto, huyeron.

Esta victoria de David fue tan significativa, que puso su nombre delante de todas las gentes de Israel.

¿Qué aprendemos de este evento?

De la historia de David y Goliat podemos aprender que el Dios al que servimos es capaz de derrotar a cualquiera de los gigantes de nuestra vida—miedo, depresión, problemas financieros, dudas en la fe—siempre y cuando lo conozcamos a Él y a Su naturaleza lo suficientemente bien como para dar un paso en la fe [16].

7

EL LIBRO DE ENOC

El Libro de Enoc es un libro apócrifo. No es reconocido como inspirado por Dios por lo que no forma parte del canon bíblico que nosotros tenemos. Hablo extensamente sobre las reglas para que un libro pueda estar dentro del canon en mi libro titulado: *Bibliología: La doctrina de la Palabra de Dios* [17].

Sin embargo, forma parte del canon de la Biblia de la Iglesia Ortodoxa de Etiopía [18] y la Iglesia Ortodoxa de Eritrea [19].

También ha sido encontrado en algunos de los códices de la Septuaginta [20] (Códice Vaticano y Papiros Chester Beatty). Los Beta Israel (judíos etíopes) [21] lo incluyen en la Tanaj, a diferencia de los demás judíos actuales, que lo excluyen.

Enoc, los gigantes y los hijos de Dios

La primera parte de *El Libro de Enoc* describe la caída de los Vigilantes, los ángeles que engendraron a los Nefilitas [22].

La palabra «Vigilantes» viene del griego egrḗgoroi, que significa observadores o vigilantes, también conocidos como «hijos de Elohim» (en hebreo םיהלאה ינב, bnei ha'elohim). Siendo que Elohim se refiere a Dios. Entonces podríamos también llamar a estos «Vigilantes»: *los hijos de Dios.*

¿Puede ver la similitud con la frase «*los hijos de Dios*» en Génesis?

Estos «Vigilantes» son mencionados en algunos textos apócrifos judíos como un grupo de ángeles caídos [23].

Si leemos los eventos que describe *El Libro de Enoc*, vemos el paralelismo que existe con el texto de Génesis 6, y no sólo eso. En este libro encontramos detalles que corroboran y amplían el tema de los gigantes y *los hijos de Dios*, fortaleciendo el argumento de que estos últimos eran ángeles caídos.

¿Quién es Enoc?

Al menos cuatro personas diferentes aparecen en la Biblia con el nombre de Enoc (Génesis 4:17; 5:18; 25:4; 46:9).

Sin embargo, es solamente del Enoc mencionado en Génesis 5:18 que tenemos detalles.

Este Enoc era descendiente directo de Adán.

> *De estos también profetizó Enoc, séptimo desde Adán... Judas 1:14 RVR1960*

Y de hecho, esta mención de Judas, hace referencia a algo que aparece en *El Libro de Enoc.*

Veamos el texto completo.

> *De estos también profetizó Enoc, séptimo desde Adán, diciendo: He aquí, vino el Señor con sus santas decenas de millares, para hacer juicio contra todos, y dejar convictos a todos los impíos de todas sus obras impías que han hecho impíamente, y de todas las cosas duras que los pecadores impíos han hablado contra él. Judas 1:14,15 RVR1960*

Enoc caminó con Dios

Este Enoc, tuvo una relación cercana con el creador, de tal manera que no vio muerte. El Señor lo levantó, al igual que Elías tisbita.

> *Y caminó Enoc con Dios, después que engendró a Matusalén, trescientos años, y engendró hijos e hijas. Y fueron todos los días de Enoc trescientos sesenta y cinco años. Caminó, pues, Enoc con Dios, y desapareció, porque le llevó Dios. Génesis 5:22-24 RVR1960*

En el libro de Hebreos, Enoc aparece en la lista de los héroes de la fe.

> *Por la fe Enoc fue traspuesto para no ver muerte, y no fue hallado, porque lo traspuso Dios; y antes que fuese traspuesto, tuvo testimonio de haber agradado a Dios. Hebreos 11:5 RVR1960*

Ahí vemos el uso de la palabra «traspuesto», lo que nos confirma la manera en que Dios se llevó a Enoc.

Gigantes y Ángeles caídos en El Libro de Enoc

En este libro apócrifo de Enoc, encontramos en el capítulo 6 el recuento de cuando *los hijos de Dios* tuvieron relaciones sexuales con *las hijas de los hombres*, lo cual es paralelo al texto de Génesis, sin embargo, en este se refiere explícitamente a *los hijos de Dios* como a ángeles (los hijos del cielo). Evidentemente ángeles caídos.

Veamos el texto.

> *Y sucedió que cuando los hijos de los hombres se multiplicaron, en aquellos días les nacieron hijas hermosas y hermosas. Y los ángeles, los hijos del cielo, las vieron y las desearon, y se dijeron unos a otros: 'Venid, escogámonos esposas de entre los hijos de los hombres y engendremos hijos'. [6:1,2]*

En el versículo 6 dice que fueron en total doscientos ángeles y que estos descendieron en la cumbre del monte Hermón.

En Deuteronomio 4:48 notamos que el «monte Hermón» es el mismo «monte de Sion».

Es importante señalar que en la toma de Canaán (que era tierra de gigantes), este monte Hermón es mencionado.

> *Estos son los reyes de la tierra que los hijos de Israel derrotaron y cuya tierra poseyeron al otro lado del Jordán hacia donde nace el sol, desde el arroyo de Arnón hasta el monte Hermón, y todo el Arabá al oriente… Josué 12:1 RVR1960*

Entre los territorios tomados, se menciona a Og rey de Basan.

> *Y el territorio de Og rey de Basán, que había quedado de los refaítas, el cual habitaba en Astarot y en Edrei… Josué 12:4 RVR1960*

Este Og rey de Basan era un gigante, como lo habíamos mencionado antes en otro capítulo. Repetiré aquí el texto.

> *Porque únicamente Og rey de Basán había quedado del resto de los gigantes. Su cama, una cama de hierro, ¿no está en Rabá de los hijos de Amón? La longitud de ella es de nueve codos, y su anchura de cuatro codos, según el codo de un hombre. Deuteronomio 3:11 RVR1960*

Entonces, podemos ver que este monte Hermón que se menciona en *El Libro de Enoc* —sobre el cual descendieron 200 ángeles para tener relaciones con mujeres terrenales— está en el territorio donde luego encontramos a este Og rey de Basán, el cual era un gigante.

Las evidencias de gigantes en Canaán ya las hemos establecido en capítulos anteriores. Lo interesante es la mención de 200 ángeles que descendieron sobre esa zona para tener relaciones con *las hijas de los hombres*.

El misterio está en que entre un evento y el otro, sucedió el diluvio, el cual borró a todos los gigantes que habitaban la tierra. Entonces, ¿cómo es que hay gigantes en ese mismo territorio muchos años después?

La respuesta puede estar en la esposa de Cam hijo de Noé de cuya unión vino Canaán.

De ser así, entonces vemos un interés de parte de esta raza híbrida por habitar la zona donde los ángeles caídos habían descendido antes del diluvio. Ciertamente esto es un misterio.

¿Tendría la esposa de Cam algún interés por rehabitar esa zona?

¿Estaba ella consciente de poseer el gen de los gigantes?

¿Habría crecido ella en una familia de gigantes que ya habían habitado ese territorio y después del diluvio, a propósito quiso regresar con su esposo Cam (el cual había sido maldecido por su padre Noé?

Estas son todas especulaciones. El texto bíblico no contiene esta información. Es un misterio.

Gigantes hijos de ángeles caídos

El texto de *El Libro de Enoc*, nos dice explícitamente que los gigantes nacieron de la relación de los ángeles caídos y *las hijas de los hombres.*

En el capítulo 7 dice:

> *Y todos los demás juntamente con ellos tomaron para sí esposas, y cada uno escogió para sí una, y comenzaron a entrar con ellas y a contaminarse con ellas, y les enseñaron encantos y encantamientos, y el corte de raíces, y les hizo familiarizarse con las plantas. Y quedaron embarazadas, y dieron a luz grandes gigantes, cuya altura era de tres mil ells… [7:1,2]*

También describe la maldad y violencia que estos gigantes trajeron y como esto tiene que ver con la decisión de Dios al enviar Su juicio por medio del diluvio.

> *Que consumieron todas las adquisiciones de los hombres. Y cuando los hombres ya no pudieron sostenerlos, los gigantes se volvieron contra ellos y devoraron a la humanidad. [7:3,4]*

El Libro de Enoc, habla además de la protesta que varios arcángeles llevaron delante de Dios por causa del pecado y la maldad que estaba sobre la tierra, a lo cual Dios responde enviando mensajero a Noé, para poner en acción los planes de prepararse para escapar el diluvio.

Discrepancias y dudas

Como he dicho antes y repito. *El libro de Enoc* no está en nuestro canon y no ha sido reconocido como escritura inspirada por Dios.

Creo que dice cosas muy interesantes, y pudiera complementar algunas cosas que vemos en libros dentro del canon bíblico. Pero debemos tomarlo como cualquier otra literatura antigua, de la misma manera que tratamos libros históricos que están fuera del canon bíblico.

De hecho, al leerlo, noto algunas cosas que no tienen congruencia. Sé que es difícil traducirlo del hebreo, y es obvio que la traducción al castellano tiene graves problemas gramaticales.

Por muchas de las cosas que dice, que sabemos vienen de épocas posteriores —posiblemente entre el siglo II a.C. y el siglo I d.C [24]—, no es posible que lo haya escrito el mismo Enoc. De hecho, en los años en que vivió Enoc, todavía no existía el escribir en piedra o en cuero. Las cosas que decían los antiguos de esa era, se pasaban de generación en generación audiblemente, claro que con la disciplina de aprender las narraciones de memoria.

Vemos en el caso de el Génesis, que fue escrito por Moisés muchos años más tarde. Claro que en el caso de las escrituras sagradas, Dios inspiró a los escritores y por eso es que confiamos en la precisión —algo que no podemos decir de *El Libro de Enoc*. Podríamos tratarlo como documento histórico, interesante pero falible.

Algunos se refieren a estos escritos en plural, como lo afirma el erudito Alejandro Díez Macho:

> *«En realidad debería decirse, usando el plural, como hace Józef Tadeusz Milik, 'libros de Henoc',[25] pues no solo existe todo un documento de Henoc con distintos libros (Henoc etiópico, griego, eslavo, hebreo, fragmentos coptos, libro de los gigantes), sino que el mismo Henoc etiópico o 1 Henoc es un compuesto de otros cinco libros».* [26]

8

EVIDENCIAS ARQUEOLÓGICAS Y GIGANTES MODERNOS

A las evidencias de la existencia de gigantes pudiera dedicar un libro completo y de muchas páginas. Existen cientos de evidencias, huesos, esqueletos completos y arquitectura de ciudades y fortalezas de piedras tan gigantes que no es imposible hayan sido edificadas por humanos de estatura normal con las limitaciones tecnológicas de esas épocas.

Algunos ejemplos

El primer esqueleto de gigante de la antigua Roma

En 1991, en una excavación en la necrópolis de Fidenae (Italia), un territorio adscrito a la Roma de la antigüedad, se descubrieron unos huesos de un esqueleto excepcionalmente grande. Con 202 centímetros de alto, el hombre debió de ser un gigante en la Roma del siglo III d.C., donde la estatura media rondaba los 167 centímetros [27].

Gigante de Castelnau

«Gigante de Castelnau» se refiere a tres fragmentos óseos (un húmero, una tibia y una diáfisis femoral) descubiertos por Georges Vacher de Lapouge en 1890 en el sedimento utilizado para cubrir un túmulo funerario de la Edad del Bronce, y que posiblemente se remonta al Neolítico. Según de Lapouge, los huesos fósiles pueden pertenecer a uno de los humanos más grandes que se sabe que existieron. Estimó a partir del tamaño del hueso que el ser humano podría haber medido unos 3.50 metros (11 pies 6 pulgadas) de altura [28].

Es extensa la cantidad de evidencias que existen sobre civilizaciones donde la presencia de gigantes era común.

Gigantes en la era moderna

¿Es posible que todavía existan gigantes en la era moderna?

Y si es así ¿son estos gigantes modernos una raza híbrida o son humanos?

Si hay gigantes hoy en día, ¿permanece la ira de Dios sobre estos seres?

¿Es posible que todavía existan gigantes en la era moderna?

La respuesta a la primera pregunta es sí.

Tenemos récords de gigantes que han vivido y viven en la era moderna.

Ejemplos

Robert Wadlow

Robert Pershing Wadlow (22 de febrero de 1918 - 15 de julio de 1940), también conocido como el Gigante de Alton y el Gigante de Illinois, fue un hombre estadounidense que fue la persona más alta en la historia registrada para quien existe evidencia irrefutable. Nació y creció en Alton, Illinois, una pequeña ciudad cerca de St. Louis, Missouri [29].

La altura de Wadlow era de 8 pies 11,1 pulgadas (2,72 metros) mientras que su peso alcanzó las 439 libras (199 kg) a su muerte a los 22 años [30].

John Rogan

John William "Bud" Rogan (1867 - 11 de septiembre de 1905); se registra como la segunda persona más alta de la historia moderna con 8 pies y 9 pulgadas (2,67 m) , solo superado por Robert Wadlow.

John Rogan nació en Hendersonville, Tennessee. Era hijo del exesclavo William Rogan, como el cuarto de doce hijos. Su rápido crecimiento comenzó a la edad de 13 años, debido al gigantismo. Esto llevó a la anquilosis (una rigidez anormal de las articulaciones esqueléticas). Para 1882, no podía pararse ni caminar. [31]

John F. Carroll

John Francis Carroll (1932 - 8 de agosto de 1969) fue un gigante estadounidense y una de las 23 personas conocidas en la historia médica que alcanzó una altura de 8 pies (240 cm). Sufría de curvatura espinal bidimensional severa (cifoescoliosis) y gigantismo acromegálico.

Tenía una altura de pie de 8 pies 1⁄4 pulgadas (244 cm) el 14 de octubre de 1959, a los 27 años, pero según los cálculos, su altura habría sido de 8 pies 8 pulgadas (264 cm), suponiendo una curvatura normal de la columna vertebral. En 1968, más tarde se midió en 7 pies 10 1⁄2 pulgadas (240 cm), habiéndose encogido en estatura debido al empeoramiento de su condición espinal.

Carroll nació en Buffalo, Nueva York y era conocido como el Gigante de Buffalo en la literatura médica. Fue tercero en estatura solo por detrás de Robert Wadlow y John Rogan [32].

Willie Camper

Guicel "Willie" Camper fue un gigante estadounidense que nació en Memphis, Tennessee. Se destaca por ser una de las 23 personas conocidas en el historial médico que han confirmado haber alcanzado una altura de 8 pies. En el momento de su muerte a la edad de 18 años, alcanzó una altura facturada de 8 pies y 7 pulgadas. También usaba zapatos talla 32. Es el cuarto hombre verificado más alto y el segundo afroamericano más alto registrado.

Camper nació en Memphis, Tennessee y su crecimiento anormal comenzó alrededor de los nueve años. A medida que crecía, Camper trabajó como actor. Su crecimiento inusual es causado por gigantismo y problemas con su tiroides. Hasta su muerte, se decía que nunca dejó de crecer.

Murió de un ataque al corazón en 1943 mientras actuaba en un espectáculo secundario en Martinez, California. Fue enterrado en Mendenhall, Mississippi en un ataúd de 9 pies [33].

Franz Winkelmeier

Franz Winkelmeier (27 de abril de 1860 - 24 de agosto de 1887) fue un hombre austriaco que fue considerado el hombre más alto del mundo (en su días) con 2,58 m (8.5 pies), convirtiéndolo en el quinto hombre más alto de la historia. Era conocido como el Gigante (alemán: Riese) de Friedburg-Lengau.

Nació como hijo de una familia de pequeños agricultores en Lengau, Alta Austria. Dos años más tarde, sus padres compraron el Schöscharngut entre Friedburg y Lengau. En Friedburg, Franz Winkelmeier asistió a la escuela primaria. Hasta la edad de catorce años, su crecimiento fue normal.

El 22 de junio de 1887 fue presentado a la reina Victoria.

Franz Winkelmeier murió de tuberculosis. Fue enterrado en el cementerio de Lengau. En el restaurante Zum Riesen hay muchos recuerdos de Franz Winkelmeier [34].

Pornchai Saosri

Pornchai Saosri (1989 - 8 de noviembre de 2015) fue un hombre tailandés que afirmó medir 8 pies 9.9 pulgadas (2,69 m) pero esto no está verificado por Guinness World Records. La última vez que se midió fue de alrededor de 8 pies y 5.2 pulgadas.

Hizo su primera aparición en las noticias públicas cuando en 2009 medía 7 pies y 6 pulgadas (228 cm). Luego apareció en 2012 cuando medía 230 cm (7 pies y 6.6 pulgadas). Su siguiente aparición registrada en las noticias fue en 2013 cuando creció a 8 pies 5.2 pulgadas (257 cm), que midió para la renovación de su tarjeta de identificación [35].

Gheorghe Mureșan

Gheorghe Dumitru Mureșan (pronunciación rumana: [ˈge̯orge mureˈʃan] (escuchar); nacido el 14 de febrero de 1971), también conocido como "El Gigante" (rumano: [ˈgi͡tsə]), es un exjugador de baloncesto profesional rumano. Con 7 pies y

7 pulgadas (2,31 m), está empatado con Manute Bol como el jugador más alto que jamás haya jugado en la NBA.

Mureşan nació en Tritenii de Jos, Condado de Cluj, Rumania. Aunque sus padres tenían una estatura normal, él creció hasta alcanzar su estatura notable debido a un trastorno de la glándula pituitaria llamado acromegalia [36].

Bao Xishun

Bao Xishun (también conocido como Xi Shun; nacido el 2 de noviembre de 1951) es un pastor chino-mongol de Chifeng, Mongolia Interior, reconocido por Guinness World Records como uno de los hombres vivos más altos del mundo con 7 pies 9 pulgadas (236 cm) de alto.

Anteriormente fue certificado como el hombre vivo más alto por Guinness World Records. El 17 de septiembre de 2009, Sultan Kösen superó a Bao Xishun como el hombre vivo más alto [37].

Aquí le dejaré un video de Bao Xishun caminando entre la gente [38].

Lista extensa de gigantes modernos

Al final de este libro adjunto una lista de gigantes modernos con nombres, fechas de nacimiento, lugar de procedencia y estatura registrada en récords oficiales.

¿Son estos gigantes modernos una raza híbrida o son humanos?

Los gigantes modernos parecen padecer (al menos la mayoría) de una enfermedad conocida como acromegalia [39].

La acromegalia es un trastorno hormonal que se padece cuando la glándula pituitaria produce gran cantidad de hormonas de crecimiento durante la edad adulta.

Cuando tienes un nivel muy elevado de la hormona de crecimiento, los huesos aumentan de tamaño. En la niñez, esto lleva a una mayor estatura y se denomina gigantismo.

El gigantismo se describe como un tipo de enfermedad genética [40]. La pregunta es ¿tiene este trastorno genético algo que ver con el gen que entró por causa de la relación entre *los hijos de Dios* y *las hijas de los hombres*?

¿Es esto una maldición?

Primero. Creo que es imposible trazar una línea que conecte a los gigantes modernos con los gigantes antiguos que habitaban las regiones de Canaán. Han existido mezclas entre diferentes razas y grupos por siglos.

Segundo. Si vamos a hablar de maldición por causa del pecado, entonces la realidad es que esta maldición cubrió a todos los seres humanos.

Antes que *los hijos de Dios* tuvieran relación con *las hijas de los hombres*, ya Adán había pecado y es por ese pecado que entró toda enfermedad sea genética o de cualquier otra índole. Y es por ese pecado de Adán que entró la muerte la cual pasó a todos nosotros.

> *Por tanto, como el pecado entró en el mundo por un hombre, y por el pecado la muerte, así la muerte pasó a todos los hombres, por cuanto todos pecaron. Romanos 5:12 RVR1960*

Y esto nos llevará a responder la tercera pregunta hecha al principio de este capítulo.

Si hay gigantes hoy en día, ¿permanece la ira de Dios sobre estos seres?

Bueno. Ya establecimos que sí hay gigantes hoy en día. Aunque la estatura de los gigantes modernos no se puede comparar con la de los gigantes mencionados durante la toma de Canaán.

La pregunta es ¿permanece la ira de Dios sobre estos gigantes modernos?

La ira de Dios se revela contra toda impiedad, venga de donde venga sin importar el tamaño de quienes la merezcan. Esta ira es sobre todo aquel que detenga con injusticia la verdad.

Esto incluye a seres humanos de cualquier tamaño. Inclusive, hay ministros, pastores y maestros que hoy en día detienen con injusticia la verdad. Esto es evidente con la cantidad de doctrinas falsas que vienen desde púlpitos evangélicos. Para no mencionar las sectas y religiones falsas que propagan enseñanzas de error.

> *Porque la ira de Dios se revela desde el cielo contra toda impiedad e injusticia de los hombres que detienen con injusticia la verdad… Romanos 1:18 RVR1960*

Gracia para gigantes y para todo aquél que cree

La buena noticia es que la gracia de Dios está disponible para todo aquel que cree. Esto es independiente de la genética, grupo étnico o raza.

En Adán pecamos todos. En el segundo Adán —en Cristo— todos podemos recibir vida eterna.

Y una vez que estamos en Cristo, toda maldición es quitada (Gálatas 3:13).

De hecho, el texto habla de maldición para los que se quieren justificar por medio de la ley.

> *Porque todos los que dependen de las obras de la ley están bajo maldición… Gálatas 3:10 RVR1960*

Entonces, hay más probabilidades de maldición en un religioso que en un gigante en el día de hoy.

Amados. La gracia de Dios está disponible para todos los hombres. Como dije antes, «esto es independiente de la genética, grupo étnico o raza».

> *Porque la gracia de Dios se ha manifestado para salvación a todos los hombres Tito 2:11 RVR1960*

Hace poco tiempo vi un video de un gigante siendo bautizado.

Se trata de Margarito Machahuay Varela, el hombre más alto del Perú, que se bautiza luego de convertirse a Cristo.

En las referencias le dejo el enlace para el video[41].

Fotos de gigantes mencionados

Robert Pershing Wadlow [42]

John William "Bud" Rogan [43]

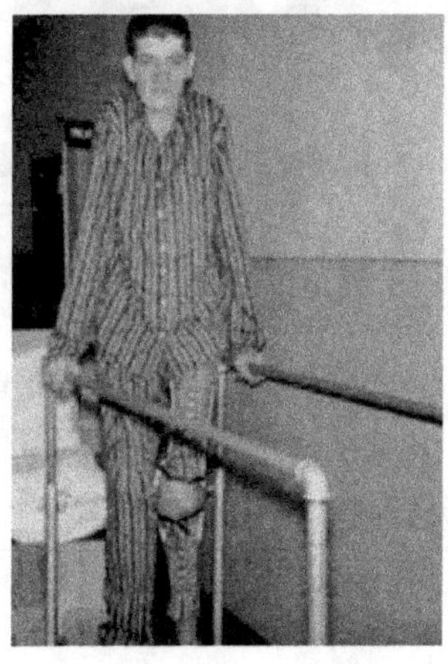

John Francis Carroll [44]

Guicel "Willie" Camper [45]

Franz Winkelmeier[46]

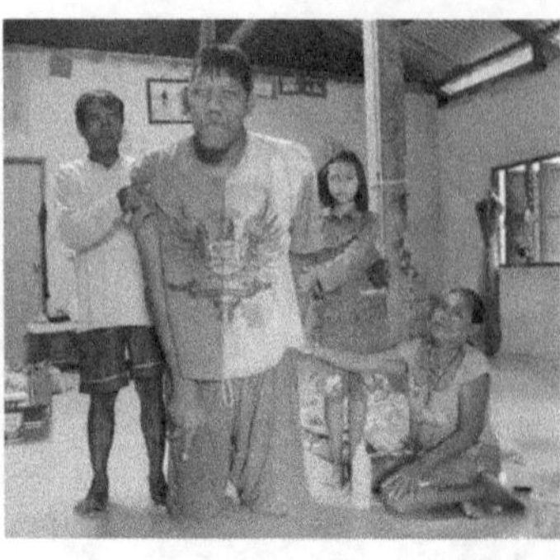

Pornchai Saosri[47]

Gheorghe Dumitru Mureșan[48]

Bao Xishun[49]

Fotos: Créditos y Derechos Reservados en las notas.

Notas:

1- The Nephilim ("fallen ones, giants") may have been the offspring of sexual relationships between the sons of God and the daughters of men in Genesis 6:1–4. https://www.gotquestions.org/Nephilim.html (Capturado 5-11-2023).

2- Diccionario Strong de Palabras Originales del Antiguo y Nuevo Testamento. Editorial Caribe, Inc. 2002. p. 295. ISBN 0-89922-382-6. (Capturado 5-3-2020).

3- «Septuagint Genesis, Ch. 6 - Parte 1». web.archive.org (en inglés). 24 de diciembre de 2013. Archivado desde el original el 24 de diciembre de 2013. (Capturado 5-3-2020).

4- Genesis 6, Vulgata latina (VULG) | The Bible App (en latín). (Capturado 5-3-2020).

5- "Euseb., Praeparat. Evang. 5,4... Eusebio veía en este pasaje bíblico el origen de las leyendas griegas sobre los gigantes y titanes, los cuales provenían de las relaciones entre las divinidades y las mujeres" (Euseb., Praeparat. Evang. 5,4. Algunos autores traen a colación ciertas creencias populares aún existentes entre los beduinos sobre las posibles relaciones sexuales entre los djin o genios demoníacos y las mujeres; cf. J. A. Jaussen, Coutumes Palestiniennes I (Naplouse) p.230-234; J. Chaine, o.c., p.103)". ("Biblia Comentada", Profesores de Salamanca, texto de Nacar Colunga. Editorial Católica S. A. 1961).

6- «Para la opinión sobre Génesis 6,1 vea San Justino, Apol. II, 5.». (Enciclopédia católica. Ed. The Encyclopedia Press, 1913).

7- Los Nefilim o Nephilim https://es.wikipedia.org/wiki/Nefilim

8- IBIDEM

9- Pérez, JA; Teología Sistemática para Latinoamérica. Tisbita Publishing House ISBN: 978-1947193345 https://amzn.to/45ptwoR

10- Pérez, JA; Angelología: La doctrina de los Ángeles. Tisbita

Publishing House ISBN: 978-1947193444 https://amzn.to/3IE6H6Z

11- La mitología griega (Ελληνική μυθολογία en griego; Mythologia Graeca en latín) es el conjunto de mitos y leyendas pertenecientes a la cultura de la Antigua Grecia, que tratan de sus dioses y héroes, la naturaleza del mundo, los orígenes y el significado de sus propios cultos y prácticas rituales.

Fritz, G. (1993, 1996 reimpr.). Greek mythology: an introduction. Baltimore: Johns Hopkins University Press. p. 200. ISBN: 978-0801853951.

12- Miles, G., ed. (1999). Classical Mythology in English Literature: A Critical Anthology. Routledge. pp. 38-9. ISBN: 041-5147557.

13- ¿Qué era el codo en tiempos bíblicos? El codo es una unidad de medida muy utilizada en el antiguo Oriente Próximo. Por lo general, un codo medía aproximadamente 45 centímetros, pero esta medida variaba según la región. En este texto entenderemos mejor qué es el codo, sus medidas y su uso en la Biblia. https://holybiblia.com/que-es-un-codo-en-la-biblia-cual-era-su-medida/ (Capturado 5-23-2023) Tabla de Conversión: http://extraconversion.com/es/longitud/codos/codos-a-centimetros.html (Capturado 5-23-2023)

14- El Soncino Commentary estima que 5.000 siclos de bronce pesaría aproximadamente 220 libras.

Soncino Press Books of the Bible. Judaica Press; First Edition (October 1, 2003) ISBN: 978-1871055702 https://amzn.to/423TFqu

15- ¿Cuán Grande es un Gigante? Apologetics Press. https://apologeticspress.org/cuan-grande-es-un-gigante-1819/ (Capturado 5-24-2023)

16- ¿Qué podemos aprender de la historia de David y Goliat? Got Questions Ministries. https://www.gotquestions.org/Espanol/David-y-Goliat.html (Capturado 5-24-2023)

17- Pérez, JA; Bibliología: La doctrina de la Palabra de Dios. Tisbita

Publishing House. ISBN: 978-1947193352 https://amzn.to/3OBxXH6

18- La Iglesia ortodoxa tewahedo etíope (en amárico: የኢትዮጵያ ኦርቶዶክስ ተዋሕዶ ቤተ ክርስቲያን, romanizado: Yäityop'ya ortodoks täwahedo bétäkrestyan), conocida también como Iglesia ortodoxa unitaria de Etiopía. https://es.wikipedia.org/wiki/Iglesia_ortodoxa_de_Etiop%C3%ADa (Capturado 5-24-2023)

19- La Iglesia ortodoxa tewahedo eritrea (ቤተ ክርስትያን ተዋህዶ ኤርትራ, "Tewahədo Bet'ə K'rstian Ertra") o Iglesia ortodoxa unitaria de Eritrea es una Iglesia oriental autocéfala, es decir, que tiene su propia jerarquía independiente, encabezada por un patriarca, razón por la cual es denominada también Patriarcado ortodoxo de Eritrea.

«The Eritrean Orthodox Tewahdo Church (EriOTC)». lisantewahdo.org (en inglés británico). (Capturado 1-26-2022)

20- La Biblia griega, comúnmente llamada Biblia Septuaginta o Biblia de los Setenta (en griego antiguo: ἡ Μετάφρασις τῶν Ἑβδομήκοντα; en griego moderno: Μετάφραση των Εβδομήκοντα; en latín: Septuaginta o Vetus Testamentum Graece iuxta LXX interpretes), y generalmente abreviada simplemente LXX, es una antigua recopilación en griego koiné de los libros hebreos y arameos del Tanaj o Biblia hebrea y otros libros, incluidos algunos escritos originalmente en griego. https://es.wikipedia.org/wiki/Septuaginta (Capturado 5-24-2023)

21- Los Beta Israel (hebreo: לארשי אתיב, Beta Israel, «Casa de Israel»; ge'ez: ቤተ፡ እስራኤል Bēta 'Isrā'ēl, moderno Bēte 'Isrā'ēl) —conocidos generalmente con el término falashas (en amárico «exiliados» o «extranjeros»), que puede ser considerado peyorativo— son los judíos de origen etíope. https://es.wikipedia.org/wiki/Beta_Israel (Capturado 5-24-2023)

22- Barker, Margaret. (2005) [1987]. "Chapter 1: The Book of Enoch," in The Older Testament: The Survival of Themes from the Ancient Royal Cult in Sectarian Judaism and Early Christianity. London: SPCK; Sheffield Phoenix Press. ISBN 978-1905048199

23- Los libros apócrifos (del griego ἀπόκρυφος: "oculto") son libros que la tradición judía ha decidido literalmente ocultar. Libros prohibidos. Libros que debían quedar en el olvido. Sefarim Jitzonim "libros externos" literalmente los llama la tradición rabínica. https://urielromano.com/2020/12/04/sefarim-jitzonim-los-libros-apocrifos-en-el-judaismo/ (Capturado 5-24-2023)

24- Charles, Robert Henry; *El Libro de Enoc*: El profeta. Editorial Edaf ISBN: 978-8441440067

25- T. Milik, The Books 1 Enoch. Aramaic Fragments, 01 Qumran Cave 4 (Oxford, 1976).

26- Alejandro Díez Macho, Apócrifos del Antiguo Testamento, tomo I (Madrid: Ediciones Cristiandad, 1984) p. 224.

27- El primer esqueleto de gigante de la antigua Roma. Redacción National Geographic. (Publicado 12 de noviembre de 2012 y modificado el 9 de marzo de 2023). https://www.nationalgeographic.es/historia/encontrado-un-esqueleto-de-gigante-de-la-antigua-roma (Capturado 5-27-2023)

28- Giant of Castelnau. https://en.wikipedia.org/wiki/Giant_of_Castelnau (Capturado 5-27-2023)

29- Robert Pershing Wadlow. Alton Museum of History and Art. Archived from the original on September 14, 2022. Retrieved October 3, 2022.

30- "Tallest Man". Guinness World Records. March 19, 2010. Archived from the original on March 19, 2010. Retrieved March 19, 2010 at Wayback Machine.

31- John Rogan se registra como la segunda persona más alta de la historia moderna con 8 pies y 9 pulgadas (2,67 m). https://en.wikipedia.org/wiki/John_Rogan (Capturado 5-27-2023).

32- John Francis Carroll (1932 - 8 de agosto de 1969) fue un gigante estadounidense y una de las 23 personas conocidas en la historia médica que alcanzó una altura de 8 pies (240 cm). https://en.wikipedia.org/wiki/John_F._Carroll (Capturado 5-27-2023).

33- Guicel "Willie" Camper fue un gigante estadounidense que nació en Memphis, Tennessee. Se destaca por ser una de las 23 personas conocidas en el historial médico que han confirmado haber alcanzado una altura de 8 pies. https://en.wikipedia.org/wiki/Willie_Camper (Capturado 5-27-2023).

34- Franz Winkelmeier fue un hombre austriaco que fue considerado el hombre más alto del mundo (en su días) con 2,58 m (8,5 pies), convirtiéndolo en el quinto hombre más alto de la historia. https://en.wikipedia.org/wiki/Franz_Winkelmeier (Capturado 5-27-2023).

35- Pornchai Saosri (1989 - 8 de noviembre de 2015) fue un hombre tailandés que afirmó medir 8 pies 9.9 pulgadas (2,69 m).https://en.wikipedia.org/wiki/Pornchai_Saosri (Capturado 5-27-2023).

36- Gheorghe Dumitru Mureșan también conocido como "El Gigante" (rumano: [ˈgit͡sə]), es un exjugador de baloncesto profesional rumano. https://en.wikipedia.org/wiki/Gheorghe_Mure%C8%99an (Capturado 5-27-2023).

37- Bao Xishun (también conocido como Xi Shun; nacido el 2 de noviembre de 1951) es un pastor chino-mongol de Chifeng, Mongolia Interior, reconocido por Guinness World Records como uno de los hombres vivos más altos del mundo con 7 pies 9 pulgadas (236 cm) de alto. https://en.wikipedia.org/wiki/Bao_Xishun (Capturado 5-27-2023).

38- Video de Bao Xishun caminando. https://youtu.be/XYx3I-4W-MY

39- Acromegalia. La acromegalia es un trastorno hormonal que se padece cuando la glándula pituitaria produce gran cantidad de hormonas de crecimiento durante la edad adulta. https://www.mayoclinic.org/es-es/diseases-conditions/acromegaly/symptoms-causes/syc-20351222 (Capturado 5-27-2023).

40-Gigantismo.Causas. https://medlineplus.gov/spanish/ency/article/001174.htm (Capturado 5-27-2023).

41- Margarito Machahuay Varela, el hombre más alto del Perú en video: https://youtu.be/QYKtHsYtMHo (Capturado 5-27-2023).

Fotos: Créditos y Derechos reservados.

42- Robert Pershing Wadlow
Foto. Tomado de https://www.icollector.com/item.aspx?i=9933517

43- John William "Bud" Rogan
Foto. CC BY-SA 4.0 File:John Rogan.png Created: 27 February 2023

44- John Francis Carroll
Foto. CC BY-SA 4.0 File:John F Carrol.png Created: 17 March 2023

45- Guicel "Willie" Camper
Foto. CC BY-SA 4.0 File:Willie Kamper.jpg Created: 2 March 2023

46- Franz Winkelmeier
Foto. Public Domain File:Riese1.jpg Created: 11 September 2005

47- Pornchai Saosri
Foto. CC BY-SA 4.0 File:Pornchai Saosri.png Created: 9 November 2015

48- Gheorghe Dumitru Mureșan
Foto. CC BY-SA 2.0 File:Gheorghe Muresan (15833043052).jpg Created: 20 November 2014

49- Bao Xishun
© REUTERS Thomson Reuters. All rights reserved.

Lista extensa de gigantes modernos

Esta es una lista de las personas más altas, una lista de los gigantes más altos documentados y verificados, según autoridades como: Guinness World Records, Tallest People Wiki, y también documentos médicos o medidas. Vea las referencias debajo de la lista.

#	Nombre	Sexo	Altura (cm)	(pulgadas)	País	Vivido (edad)
1	Robert Pershing Wadlow[1]	M	272 cm	8 ft 11.1 in	United States	1918-1940 (22)
2	John William Rogan[2]	M	264 cm	8 ft 8 in	United States	1868-1905 (37)
3	John F. Carroll[3]	M	263.5 cm	8 ft 7.75 in	United States	1932-1969 (37)
4	Ho Van Trung[4]	M	257.3 cm	8 ft 5.35 in	Vietnam	1984-2019 (35)
5	Vaino Myllyrinne[5]	M	251.4 cm	8 ft 3 in	Finland	1909-1963 (54)
6	Sultan Kosen[6]	M	251 cm	8 ft 2.8 in	Turkey	1982-
7	Don Koehler[7]	M	248.9 cm	8 ft 2 in	United States	1925-1981 (55)
8	Bernard Coyne[8]	M	248.9 cm	8 ft 2 in	United States	1897-1921 (23)
9	Vikas Uppal[9]	M	248.9 cm	8 ft 2 in	India	1986-2007 (21)
10	Zeng Jinlian [10]	F	247 cm	8 ft 1.3 in	China	1964-1981 (17)
11	Brahim Takioullah[11]	M	246.3 cm	8 ft 1 in	Morocco	1982-
-	Zia Rasheed [12]	M	246.3 cm	8 ft 1 in	Pakistan	1997/1996-
12	Patrick Cotter O'Brien[13]	M	246.3 cm	8 ft 1 in	Ireland	1760-1806 (46)
13	Julius Koch[14]	M	246 cm	8 ft 0.75 in	Germany	1872-1902 (30)
14	Morteza Mechrzad[15]	M	246 cm	8 ft 0.75 in	Iran	1987-
15	Gabriel Estevao Monjane[16]	M	245.7 cm	8 ft 0.7 in	Mozambique	1944-1991 (47)
16	Suleiman Ali Nashnush[17]	M	245 cm	8 ft 0.5 in	Libya	1943-1991 (48)

17	Anton de Franckenpoint[18]	M	243.8 cm	8 ft 0 in	Germany	1500s-1583 (?)
18	Zhang Juncai[19]	M	242 cm	7 ft 11.5 in	China	1966-
19	Suparwono[20]	M	242 cm	7 ft 11.5 in	Indonesia	1985-2012 (26)
20	Felipe Birriel Fernandez[21]	M	241 cm	7 ft 11 in	Puerto Rico	1916-1994 (77)
21	Jane Bunford [22]	F	241 cm	7 ft 11 in	United Kingdom	1895-1921 (26)
22	Sa'id Muhammed Ghazi [23]	M	240 cm	7 ft 10.5 in	Egypt	1909-1948 (39)
-	Ivan Stepanovich Loushkin [24]	M	239.2 cm	7 ft 10.25 in	Russia	1811-1844 (33)
23	Alexander Sizonenko [25]	M	239 cm	7 ft 10.1 in	Russia	1959-2012 (52)
24	Feodor Machnow [26]	M	239 cm	7 ft 10.1 in	Ukraine	1876-1913 (37)
25	Charles Sogli	M	238.8 cm	7 ft 10 in	Ghana	1998-
26	Ajaz Ahmed [27]	M	238.8 cm	7 ft 10 in	Pakistan	1976-2021 (42)
27	Fredrick Kempster [28]	M	237.5 cm	7 ft 9.5 in	United Kingdom	1899-1918 (29)
28	Albert Johan Kramer [29]	M	237.5 cm	7 ft 9.5 in	Netherlands	1897-1977 (79)
29	Yoshimitsu Matsuzaka	M	237 cm	7 ft 9.3 in	Japan	1920-1961 (41)
30	Angus MacAskill	M	236.2 cm	7 ft 9 in	United Kingdom	1825-1863 (37)
31	William Bradley	M	236.2 cm	7 ft 9 in	United Kingdom	1787-1820 (32)
32	Mudassar Gujjar	M	236.2 cm	7 ft 9 in	Pakistan	1997-
33	Walter Straub	M	236.2 cm	7 ft 9 in	Germany	1925-1987 (62)
34	Ondor Gongor	M	236.2 cm	7 ft 9 in	Mongolia	1895/90-1925 (30)
35	Louis Moilanen	M	236.2 cm	7 ft 9 in	Finland	1886-1913 (26)
36	Joelison Fernandes Da Silva	M	236.2 cm	7 ft 9 in	Brazil	1985-
37	Kentucky Giant	M	236.2 cm	7 ft 9 in	United States	?-? (22-24)
38	Kin Fu Ki [30]	M	236.2 cm	7 ft 9 in	Japan	1905-?
39	Rachid Bara	M	236.2 cm	7 ft 9 in	Algeria	1974-2009 (35)
40	Kashmir Giant	M	236.2 cm	7 ft 9 in	India	?-? (?)

41	Abiodun Adegoke	M	236.2 cm	7 ft 9 in	Nigeria	1997-
42	Sun Mingming	M	236.2 cm	7 ft 9 in	China	1980-
43	Bao Xishun	M	236.1 cm	7 ft 8.96 in	China	1951-
44	Naseer Soomro	M	236 cm	7 ft 8.9 in	Pakistan	1964-
45	Radhouane Charbib	M	236 cm	7 ft 8.9 in	Tunisia	1964-
46	Chang Woo-Gow	M	235.5 cm	7 ft 8.75 in	China	1841-1983 (52)
47	Javier Castellanos	M	235 cm	7 ft 8.5 in	Guatemala	1992-
48	Cecil Boling	M	235 cm	7 ft 8.5 in	United States	1920-2000 (80)
49	Nikolai Pankratov	M	235 cm	7 ft 8.5 in	Russia	1983-
50	Lars Tollefson Opsata	M	235 cm	7 ft 8.5 in	Norway/US	1833-1872 (39)
51	Thomas Hasler	M	235 cm	7 ft 8.5 in	United States	1851-1877 (24)
52	Wang Xin-Feng	M	235 cm	7 ft 8.5 in	China	1968-
53	Ted Evans	M	235 cm	7 ft 8.5 in	United Kingdom	1924-1958 (34)
54	RiMyoung-Hun	M	235 cm	7 ft 8.5 in	North Korea	1967-
55	Bartolomeo Bon	M	235 cm	7 ft 8.5 in	Italy	1463-1529 (55)
56	Rafael Franca do Nascimento	M	235 cm	7 ft 8.5 in	Brazil	1987-
57	Igor Vovokovinskiy	M	234.5 cm	7 ft 8.33 in	US/Ukraine	1982-2021 (38)
58	Fernard Bachelard	M	234.5 cm	7 ft 8.35 in	Belgium	1922-1976 (53)
59	George Bell	M	234.1 cm	7 ft 8.1 in	United States	1957-
60	Viktor Prenner	M	234 cm	7 ft 8.1 in	Austria	1930-1982 (52)
61	Yasutaka Okayama	M	233.7 cm	7 ft 8 in	Japan	1954-
62	Brenden Adams	M	233.7 cm	7 ft 8 in	United States	1995-
63	Broc Brown	M	233.7 cm	7 ft 8 in	United States	1997-
64	Yao Defen	F	233.7 cm	7 ft 8 in	China	1972-2012 (40)
65	Parimal Barman	M	233.7 cm (251.4cm)?	7 ft 8 in (8 ft 3 in)?	Bangladesh	1962-1994 (31)

66	Haji Mohammed Alam Channa	M	233.7 cm	7 ft 8 in	Pakistan	1953-1998 (45)
67	Adam Rainer	M	233.7 cm	7 ft 8 in	Austria	1899-1950 (51)
68	Miguel Joaquin Eleizegui	M	233.7 cm	7 ft 8 in	Spain	1818-1961 (43)
69	Jim Porter	M	233.7 cm	7 ft 8 in	United States	1811-1959 (47)
70	Zech Devits	M	233.7 cm	7 ft 8 in	United States	1982-2005 (22)
71	Franz Winkelmeier	M	233.7 cm	7 ft 8 in	Austria	1860-1887 (17)
72	Edouard Beaupre	M	233.7 cm	7 ft 8 in	Canada	1881-1904 (23)
73	Ferdinand Contat	M	234 cm	7 ft 8 in	France	1902-1940 (37)
74	Muhammed Jinnat Ali	M	234 cm	7 ft 8 in	Bangladesh	1996-2020 (24)
75	Abdramane Dembele	M	234 cm	7 ft 8 in	Ivory Coast	1985-
76	Francis Sheridan	M	234 cm	7 ft 8 in	Ireland	1851-1870 (29)
77	Maximilian Miller	M	233.7 cm	7 ft 8 in	Germany	1674-1734 (60)
78	Arshavir Grigoryan	M	233.7 cm	7 ft 8 in	Armenia	1990-
79	Augustin Luengo Capilla	M	233.7 cm	7 ft 8 in	Spain	1849-1875 (26)
80	Kaliova Seleiwau	M	233.7 cm	7 ft 8 in	Fiji	1981-
81	Bob Wegner	M	233.7 cm	7 ft 8 in	United States	1993-
82	Jaime Clemente	M	233 cm	7 ft 7.8 in	Spain	1961-2005 (44)
83	Neil Fingelton	M	233 cm	7 ft 7.8 in	United States	1980-2017 (37)
84	Amenates Tingtsonglu	M	233 cm	7 ft 7.8 in	Turkey	1868-?
85	Jack Earle	M	233 cm	7 ft 7.8 in	United States	1906-1952 (47)
86	Hussain Bisad	M	233 cm	7 ft 7.8 in	Somalia	1975-
87	Wang Feng-Jun	M	233 cm	7 ft 7.8 in	China	1976-2015 (49)
88	Ramazan Karageyik	M	233 cm	7 ft 7.8 in	Turkey	1982-?
	Nicolas Bourgeois	M	233 cm (217cm?)	7 ft 7.8 in (7 ft 1.5 in?)	France	1680s-1724 (?)

89	Uvays Akhtaev	M	233 cm	7 ft 7.8 in	Russia	1930-1978 (47)
90	Sandy Allen	F	232 cm	7 ft 7.4 in	United States	1955-2008 (53)
91	Jenishbek Raimbaev	M	232 cm	7 ft 7.4 in	Kazahystan	1979-2015 (35)
92	Leonid Standyk	M	232 cm	7 ft 7.4 in	Ukraine	1970-2014 (43)
93	Katia D'Avilla Rodrigues	F	232 cm	7 ft 7.4 in	Brazil	1973-2011 (47)
94	Jorge Gozalez	M	232 cm	7 ft 7.4 in	Argentina	1966-2010 (44)
95	Huang Chang-Chiu	M	231 cm	7 ft 7 in	China	1966-
96	Lock Martin	M	231 cm	7 ft 7 in	United States	1916-1959 (43)
-	Eddie Carmel	M	231 cm	7 ft 7 in	Israel/US	1936-1972 (36)
97	Robert Bobroczkyi	M	231 cm	7 ft 7 in	Romania	2000-
98	Charles Byrne	M	231 cm	7 ft 7 in	United Kingdom	1761-1783 (21)
99	George Auger	M	231 cm	7 ft 7 in	Russia	1881-1922 (41)
100	Max Palmer	M	231 cm	7 ft 7 in	United States	1927-1984 (58)
101	Kenny George	M	231 cm	7 ft 7 in	United States	1986-
102	Gheorghe Muresan	M	231 cm	7 ft 7 in	Romania	1971-
103	Felipe Manzo Reyes	M	231 cm	7 ft 7 in	Mexico	?
104	Johann Petturson	M	231 cm	7 ft 7 in	Iceland	1913-1984 (71)
105	Reino Rutanen	M	231 cm	7 ft 7 in	Finland	1900-1964 (63)
106	Jitendra Singh	M	231 cm	7 ft 7 in	India	1977-2015 (37?)
107	Jakob Murdel	M	231 cm	7 ft 7 in	Germany	1874-1904 (19)
108	Peter Tuchan	M	231 cm	7 ft 7 in	United Kingdom	1745-1823 (56)
109	Henry Dalgish	M	231 cm	7 ft 7 in	United Kingdom	1925-1951 (25)
110	John Turner	M	231 cm	7 ft 7 in	United States	1878-1911 (34)
111	George Page	M	231 cm	7 ft 7 in	United Kingdom	1844-1870 (26)
112	Manute bol	M	231 cm	7 ft 7 in	South Sudan	1962-2010 (48)

113 Paul Sturguess	M	231 cm	7 ft 7 in	United Kingdom	1987-
114 Luang Pho Soong	M	231 cm	7 ft 7 in	Thailand	?-2017 (?)
115 Ray Williams	M	231 cm	7 ft 7 in	Oklahoma	1907-?
116 Hans Schnitzer	M	230 cm	7 ft 6.5 in	Germany	1500s
117 Liu Fu-Ying	M	230 cm	7 ft 6.5 in	China	?-
118 Vasiliki Caliandi	F	230 cm	7 ft 6.5 in	Greece	1882-1904 (22)
119 Henry Mullens	M	230 cm	7 ft 6.5 in	United Kingdom	1916-1978
120 Maria Stylianopoulou	F	230 cm	7 ft 6.5 in	Greece	1947-1997 (50)
121 Sa'd Abdul	M	230 cm	7 ft 6.5 in	Egypt	?-
122 Nae Mihai	M	230 cm	7 ft 6.5 in	Romania	?
123 Liu Jun	M	230 cm	7 ft 6.5 in	China	?-
124 Jose Calderon Torres	M	230 cm	7 ft 6.5 in	Mexico	1914-1973 (69)
125 Frantisek Novotny	M	230 cm	7 ft 6.5 in	Russia	?-
126 Alain Delaunois	M	230 cm	7 ft 6.5 in	Belgium	1971-
127 Jean Joseph Brice	M	230 cm	7 ft 6.5 in	France	1835-?
128 Joseph Drasal	M	230 cm	7 ft 6.5 in	Czech Republic	1841-1864 (22)
129 Bernardo Gilli	M	230 cm	7 ft 6.5 in	Italy	1726-1774 (58)
130 William Olding	M	230 cm	7 ft 6.5 in	Germany	1914-?
131 John Paul Ofwono	M	230 cm	7 ft 6.5 in	Uganda	1960-2003 (40)
132 Baptiste Hugo	M	230 cm	7 ft 6.5 in	France	1876-1913 (37)
133 Henri Cot	M	230 cm	7 ft 6.5 in	France	1884-1912 (28)
134 Sasha Derugnov	M	230 cm	7 ft 6.5 in	Russia	1990-
135 Rigardus Rijnhout	M	230 cm	7 ft 6.5 in	Netherlands	1922-1959 (37)
136 Lewis Wilkins	M	230 cm	7 ft 6.5 in	United States	1869-1902 (33)
137 Zhang Huan	M	230 cm+	7 ft 6.5 in+	China	1987-

138 Anna Hainting-Bates	F	229 cm	7 ft 6.35 in	Canada	1846-1888 (42)
139 Christopher Greener	M	229 cm	7 ft 6.25 in	United Kingdom	1943-2015 (72)
140 Shawn Bradley	M	229 cm	7 ft 6.25 in	Germany	1972-
141 Malik Sidibe	M	229 cm	7 ft 6.3 in	Senegal	1985-
142 William Evans	M	228.6 cm	7 ft in	Welsh	1599-1634 (34)
143 Mamadou Diallo	M	228.6 cm	7 ft 6 in	Guinea	1955-1992 (37)
144 Polipaka Gattaiah	M	228.6 cm	7 ft 6 in	India	1975-2015 (40)
145 Mills Darden	M	228.6 cm	7 ft 6 in	United States	1799-1857 (57)
146 Zafar Ullah Satti	M	228.6 cm	7 ft 6 in	Brunei	1972-2003 (30)
147 Henry Alexander Cooper	M	228.6 cm	7 ft 6 in	United Kingdom	1853-1899
148 Charles Gruel D'Indreville	M	228.6 cm	7 ft 6 in	France	1789-1860 (71)
149 Robert Hales	M	228.6 cm	7 ft 6 in	United Kingdom	1820-1863 (43)
150 Antonin Cros	M	228.6 cm	7 ft 6 in	France	1892-?
151 Conrad Furrows	M	228.6 cm	7 ft 6 in	United States	1922-1967 (45)
152 Erwin Johnson	M	228.6 cm	7 ft 6 in	Canada	1906-?
153 James Toller	M	228.6 cm	7 ft 6 in	Australia	1795-1818 (23)
154 Liu Yu-Qing	M	228.6 cm	7 ft 6 in	China	1926-?
155 Mu Tie-Zhu	M	228.6 cm	7 ft 6 in	China	1949-2008 (59)
156 Gilbert Reichert	M	228.6 cm	7 ft 6 in	United States	1911-1961 (60)
157 Saad Kaiche	M	228.6 cm	7 ft 6 in	Algeria	1985-
158 Slavko Vranes	M	228.6 cm	7 ft 6 in	Montenegro	1983-
159 Sim Bhullar	M	228.6 cm	7 ft 6 in	United States	1992-
160 Ralph Madsen	M	228.6 cm	7 ft 6 in	United States	1897-1948 (50)
161 Matthew Mcgrory	M	228.6 cm	7 ft 6 in	United States	1973-2005 (32)
162 Carol Hare	F	228.6 cm	7 ft 6 in	United States	1945-1963 (19)

163 Rayford Johnson	M	228.6 cm	7 ft 6 in	United States	1921-1976 (55)
164 Walter Parsons	M	228.6 cm	7 ft 6 in	United States	?
165 Anders Gustav Hagberg	M	226.6 cm	7 ft 6 in	Sweden	1872-1926 (54)
166 Terrence Keenan	M	228.6 cm	7 ft 6 in	United Kingdom	?
167 James Macdonald	M	228.6 cm	7 ft 6 in	Ireland	?
168 Jonty Butterfield	M	228.6 cm	7 ft 6 in	New Zealand	
169 Mike Lanier	M	228.6 cm	7 ft 6 in	United States	1969-2018 (48)
170 Edward Longmore	M	228.6 cm	7 ft 6 in	United Kingdom	?
172 Mamadou N'Diaye	M	228.6 cm	7 ft 6 in	Senegal	1993-
173 Jim Lanier	M	228.6 cm	7 ft 6 in	United States	1969-
174 Jadgeep Singh	M	228.6 cm	7 ft 6 in	India	1987-
175 Moussa Seck	M	228.6 cm	7 ft 6 in	Senegal	1986-
176 Eugeniusz Taracinski	M	228.6 cm	7 ft 6 in	Poland	1927-1978 (50)
177 Kashmir Giant (shorter one)	M	228.6 cm	7 ft 6 in	India	?-?
178 Aurangzeb Khan	M	228.6 cm	7 ft 6 in	Pakistan	1962-2022 (60)
179 Queen Elizabeth Giant Porter	M	228.6 cm	7 ft 6 in	United Kingdom	1500s-1647? (?)
180 Tran Thanh Pho	M	228.6 cm	7 ft 6 in	Vietnam	1947-2010 (63)
181 Bola Kanukov	M	228 cm	7 ft 5.8 in	Russia	1868-1922 (53)
182 Halil Ibrahim Kuzucu	M	228 cm	7 ft 5.8 in	Turkey	1962-2007 (44)
183 Sergey Ilin	M	228 cm	7 ft 5.8 in	Russia	1985?-
184 Asdrubal Herrera Mora	M	228 cm	7 ft 5.8 in	Colombia	1986-
185 Margarito Machahuay Varela	M	228 cm	7 ft 5.8 in	Peru	1963-2020 (56)
186 Armand Bronner	M	228 cm	7 ft 5.8 in	France	?
187 George Kieffer	M	227.3 cm	7 ft 5.5 in	France	1912-?
188 Daniel Gilchrist	M	227.3 cm	7 ft 5.5 in	United States	1982-

189 Zhao Liang	M	227.3 cm	7 ft 5.5 in	China	1980-
190 Martin Miklosik	M	227 cm	7 ft 5.4 in	Slovak Republic	1986-
191 Emmanuel Joseph Cheval	M	227 cm	7 ft 5.4 in	France	1900-1962 (61)
192 Olivier Rioux	M	227 cm	7 ft 5.3 in	Canada	2006-
193 Henrik Brustad	M	226.1 cm	7 ft 5 in	Norway	1844-1899 (54)
194 George Bell (19th Century)	M	226.1 cm	7 ft 5 in	United States	19th Century
195 Andy Van Volkenburgh	M	226.1 cm	7 ft 5 in	United States	1974-
196 Cornelius Magrath	M	226.1 cm	7 ft 5 in	Ireland	1736-1760 (23)
197 Tomas Pustina	M	226.1 cm	7 ft 5 in	Czech Republic	1976-2016 (39)
198 Calvin Lane	M	226.1 cm	7 ft 5 in	United States	1970s-
199 Clifford Thompson	M	226.1 cm	7 ft 5 in	United States	1903-1955 (52)
200 Zhang Mengyong	M	226.1 cm	7 ft 5 in	China	1987-
201 Dharmendra Pratap Singh	M	226.1 cm	7 ft 5 in	India	1980-
202 Yao Ming	M	226.1 cm	7 ft 5 in	China	1980-
203 Choung Chi Lang	M	226.1 cm	7 ft 5 in	China	?-? (?)
204 Jean Bihin	M	226.1 cm	7 ft 5 in	Belgium/US	1805-1873 (67)
205 Pavel Podkolzin	M	226.1 cm	7 ft 5 in	Russia	1985-
206 Erhard Weller	M	226.1 cm	7 ft 5 in	Germany	1926-? (?)
207 John Hollinden	M	226.1 cm	7 ft 5 in	United States	1958-1992 (34)
208 Haq Nawaz	M	226.1 cm	7 ft 5 in	Pakistan	?-
209 Balahu	M	226.1 cm	7 ft 5 in	Ethiopia/Italy	1910-1936 (25)
210 Azad Khan Masood	M	226.1 cm	7 ft 5 in	Pakistan	1977-
211 Chuck Nevitt	M	226.1 cm	7 ft 5 in	United States	1959-
212 Bienvenu Letuni	M	226.1 cm	7 ft 5 in	DROTC	1933-2022 (27-28)
213 Zhang Ziyu	M	226.1 cm	7 ft 5 in	China	2007-

Referencias

1. Robert Wadlow: Tallest man ever, Guinness World Records https://www.guinnessworldrecords.com/records/hall-of-fame/robert-wadlow-tallest-man-ever

2. Bud Rogan, the 8-Foot-8 Gallatin Giant, NASHVILLESCENE https://www.nashvillescene.com/news/pithinthewind/bud-rogan-the-8-foot-8-gallatin-giant/article_be127f9c-b6a4-5b9e-b482-7c34506a27e3.html

3. John Carroll the giant of south buffalo will be remembered in philadelphia museum, Buffalo News https://buffalonews.com/2015/11/07/john-carroll-the-giant-of-south-buffalo-will-be-remembered-in-philadelphia-museum/

4. VTC14, KÊNH VTC14 https://www.youtube.com/watch?v=UmY5ArzoyAQ&ab_channel=K%C3%8ANHVTC14T%E1%BB%AB

5. Väinö Myllyrinne, MERIKARVIA-SEURA RY https://merikarvia-seura.fi/?/historiaa/vaino_myllyrinne&t=h&tuloste=x

6. Tallest man living, Guinness World Records https://www.guinnessworldrecords.com/world-records/tallest-man-living

7. Don Koehler - Tallest man Chicago, TheTallestMan https://web.archive.org/web/20140523131708/http://www.thetallestman.com/donkoehler.htm

8. Publisher's Perspective - Volume 7, Issue 3: No Iowan was bigger than Bernard Coyne, IOWA HISOTRY JOURNAL http://iowahistoryjournal.com/publishers-perspective-volume-7-issue-3-no-iowan-bigger-bernard-coyne/

9. Standing tall at 8 ft 3 inches, TheTribune https://www.tribuneindia.com/2004/20040112/punjab1.htm#16

10. Tallest woman ever, Guinness World Records https://www.guinnessworldrecords.com/world-records/tallest-woman

11. Confirmed: Brahim Takioullah sets world record for largest feet, Guinness World Records https://www.guinnessworldrecords.com/news/2011/10/

confirmed-brahim-takioullah-sets-world-record-for-largest-feet/

12. Pakistan's tallest man has some giant problems, arabnews https://www.arabnews.com/node/1452051/offbeat

13. Walking the Dead: Standing On The Bones Of Irish Giants, BLATHER.NET http://www.blather.net/theblather/2006/02/waking_the_dead_standing_on_th/

14. Julius Koch, Wikipedia https://en.wikipedia.org/wiki/Julius_Koch

15. At 8 Feet Tall, This Paralympian Sat Down and Started Getting Noticed, TheNewYorkTimes https://www.nytimes.com/2016/09/12/sports/olympics/at-8-feet-tall-he-sat-down-and-started-getting-noticed.html

16. Yeti Sasquatch Hairy Giants, Author of book: David Hatcher Childress https://www.google.com/books/edition/Yeti_Sasquatch_Hairy_Giants/g87QOiJQErsC?hl=en&gbpv=1&dq=Gabriel+Est%C3%AAv%C3%A3o+Monjane&pg=PT55&printsec=frontcover

17. Profile of Actor: Suleiman Ali Nashnush, IMDb https://www.imdb.com/name/nm0621837/

18. Ein-Riese-aus-dem-16.-Jahrhundert, Oberhessische Presse, News https://www.op-marburg.de/Marburg/Ein-Riese-aus-dem-16.-Jahrhundert

19. My Shocking Story - Giant Meeting, DiscoveryUK https://www.youtube.com/watch?v=JQ1kiI_A-00&ab_channel=DiscoveryUK

20. 'World's tallest man' contender falls short, Metro News https://metro.co.uk/2009/12/03/worlds-tallest-man-contender-suparwono-falls-short-619180/

21. Puerto Rico's friendly giant, TORONTOSUN https://torontosun.com/2012/02/03/puerto-ricos-friendly-giant

22. ATV Today: 27.01.1972: Tallest woman mystery - Jane Bunford, mace https://www.macearchive.org/films/atv-today-27011972-tallest-woman-mystery-jane-bunford

23. NINE FEET ENIGHT AND STILL GOING UP, SIDESHOW WORLD https://sideshowworld.com/41-GG/39-M-Ghazi/CG-9ft-8inches.html

24. Ivan Stepchanovich Loushkin - Tallest man Russia, TheTallestMan https://web.archive.org/web/20170518004300/http://www.thetallestman.com/ivanstepanovichloushkin.htm

25. Aleksandr Sizonenko Player Profile, Ural Great Perm, News, Stats

- Eurobasket, EUROBASKET https://basketball.eurobasket.com/player/Aleksandr-Sizonenko/Russia/Ural-Great-Perm/74563

26. Feodor Machnow - The tallest man Russia Belarus, TheTallestMan [archived] https://web.archive.org/web/20101101214955/http://www.thetallestman.com/feodormachnow.htm

27. Ajaz Ahmed - The tallest man Pakistan, TheTallestMan [archived] https://web.archive.org/web/20101111083153/http://www.thetallestman.com/ajazahmed.htm

28. Fredrick Kempster - The tallest man Wiltshire, TheTallestMan[Archived] https://web.archive.org/web/20160304032556/http://www.thetallestman.com/frederickkempster.htm

29. Albert Johan Kramer - The tallest man in Holland. the Netherlands https://web.archive.org/web/20160403063147/http://www.thetallestman.com/albertjohankramer.htm

30. Kin Fu Ki - The tallest Korean Buddhist priest, TheTallestMan [archived] https://web.archive.org/web/20171116050748/http://www.thetallestman.com/kinfuki.htm

RECURSOS

Teología Sistemática para Latinoamérica

Libro principal

Todos los libros manuales de esta serie provienen del libro: *Teología Sistemática para Latinoamérica.*

Este contiene todo el texto y es un valioso libro de referencias y consultas que todo estudiante serio de teología debe tener en su biblioteca.

780 páginas

Publicado por:
Tisbita Publishing House.

Para información sobre tiendas donde puede obtenerlo puede ir a:

https://japerez.com/teologia

Libros en la serie:

Bibliología: La doctrina de la Palabra de Dios

Paterología: La doctrina de Dios Padre

Cristología: La doctrina de Cristo

Pneumatología: La doctrina del Espíritu Santo

Antropología: La doctrina del Hombre

Hamartiología: La doctrina del Pecado

Soteriología: La doctrina de la Redención

Eclesiología: La doctrina de la Iglesia

Origen: La doctrina de la Creación

Angelología: La doctrina de los Ángeles

Escatología: La doctrina del futuro

JA PÉREZ
BIBLIOLOGÍA:
LA DOCTRINA DE LA
PALABRA DE DIOS

JA PÉREZ
PATEROLOGÍA:
LA DOCTRINA DE
DIOS PADRE

JA PÉREZ
CRISTOLOGÍA:
LA DOCTRINA DE CRISTO

JA PÉREZ
PNEUMATOLOGÍA:
LA DOCTRINA
DEL ESPÍRITU SANTO

JA PÉREZ
ANTROPOLOGÍA:
LA DOCTRINA DEL HOMBRE

JA PÉREZ
HAMARTIOLOGÍA:
LA DOCTRINA DEL PECADO

JA PÉREZ
SOTERIOLOGÍA:
LA DOCTRINA
DE LA REDENCIÓN

JA PÉREZ
ECLESIOLOGÍA:
LA DOCTRINA DE LA IGLESIA

JA PÉREZ
ORIGEN:
LA DOCTRINA
DE LA CREACIÓN

JA PÉREZ
ANGELOLOGÍA:
LA DOCTRINA
DE LOS ÁNGELES

JA PÉREZ
ESCATOLOGÍA:
LA DOCTRINA DEL FUTURO

Cursos de teología

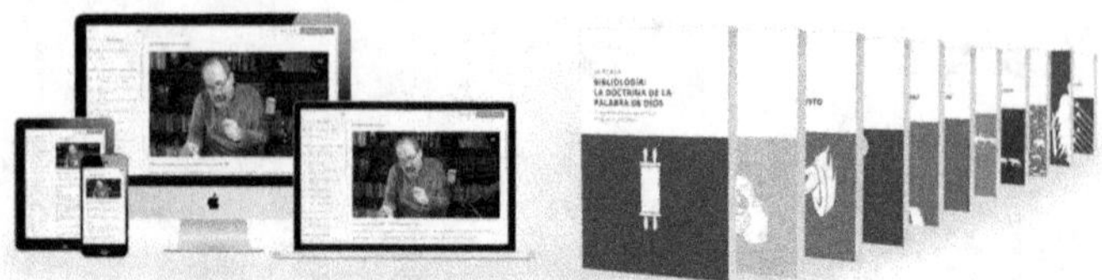

Teología al alcance de todos

La Teología (el estudio de Dios) debe ser estudiada no solo por el ministro ordenado o el aspirante al ministerio cristiano, sino por todo creyente.

Todos debemos conocer mejor a Dios, por lo tanto, hemos puesto estos cursos de teología sistemática al alcance de todos.

¿Cómo funciona?

Cada curso presenta lecciones en video y texto, el manual de curso, ejercicios y un examen final. Una vez completado, el estudiante recibe el Certificado de Completación de ese curso.

Todo dentro de una comunidad, donde usted puede hacer preguntas, compartir ideas y relacionarse con otros estudiantes.

INSTITUTO
REFORMADORES™

Estos cursos son certificados por el *Instituto Reformadores™* bajo el consejo de la *Facultad de Teología Latinoamericana.* El *Instituto Reformadores™* responde a la necesidad de equipar creyentes, líderes, ministros continentales y aspirantes al ministerio con sólida enseñanza de manera que estos puedan influir a sus mundos con el mensaje de la buena noticia.
Más información en:
https://reformadores.com

OTROS LIBROS POR JA PÉREZ

MINISTERIO | LIDERAZGO

Desarrollo de líderes

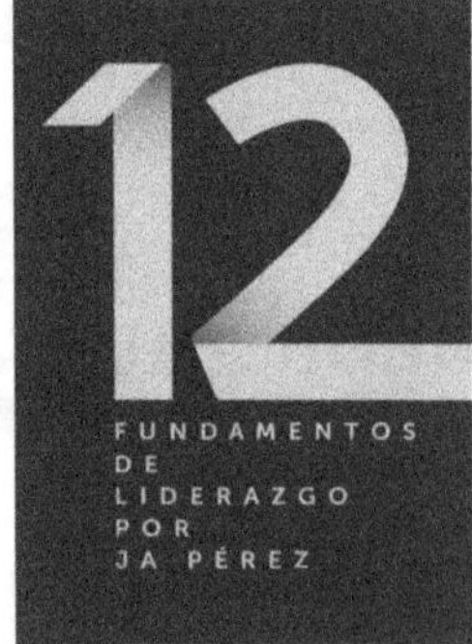

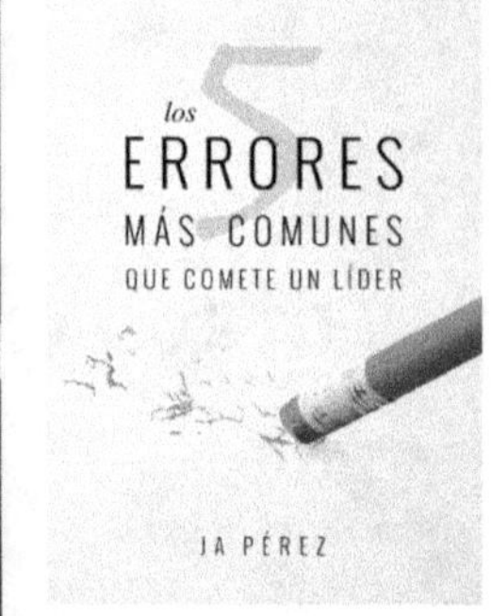

LIDERAZGO
IRREVOCABLE
JA PÉREZ

LIDERAZGO
INTELIGENTE
JA PÉREZ

LIDERAZGO
y CONSORCIOS
JA PÉREZ

LIDERAZGO
y GOBIERNOS
JA PÉREZ

LIDERAZGO
PRODUCTIVO
JA PÉREZ

LIDERAZGO
y CAPITAL INFLUYENTE
JA PÉREZ

LIDERAZGO
INSPIRACIONAL
JA PÉREZ

LIDERAZGO
TRANSPARENTE
JA PÉREZ

LIDERAZGO
y SISTEMAS
JA PÉREZ

LIDERAZGO
y DESARROLLOS
JA PÉREZ

LIDERAZGO
INVISIBLE
JA PÉREZ

LIDERAZGO
y LEGADO
JA PÉREZ

Evangelismo, discipulado y misiones

Desarrollo de proyectos

Inspiración y creatividad

Crecimiento de la iglesia

Profecía bíblica

Ficción

La oración

Finanzas personales

VIDA ABUNDANTE

Crecimiento espiritual | Teología | Principios de vida | Relaciones

Serie *Venciendo la ansiedad*

En esta serie comparto mis luchas, retos y estragos. También las verdades que me han llevado de la ansiedad a una vida de paz y contentamiento.

DIOS
con nosotros
ja pérez

LA MUERTE
y cómo librarte de ella
JA PÉREZ

100
J.A. PÉREZ

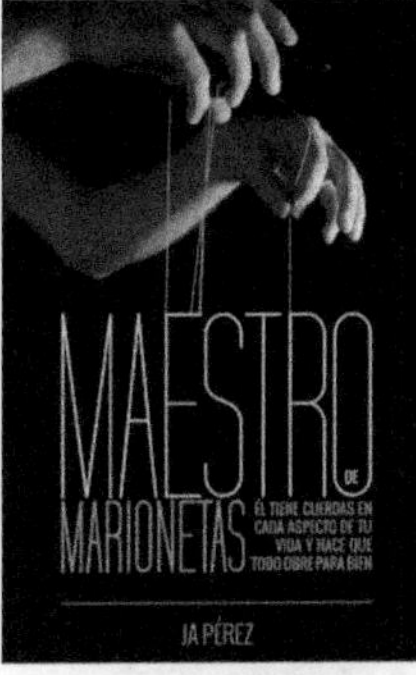
MAESTRO DE MARIONETAS
ÉL TIENE CUERDAS EN CADA ASPECTO DE TU VIDA Y HACE QUE TODO OBRE PARA BIEN
JA PÉREZ

la
PRISA
JA PÉREZ

Aumenta
el Gozo
JA Pérez

GRAN
EXPECTACIÓN
de COSAS
BUENAS
JA PEREZ

Jesús
(sin religión)
JA PÉREZ

JESÚS
pregunta
JA PÉREZ

FELIZ
JA PÉREZ
LIBRO INTERACTIVO

CLÁSICOS

LA CIENCIA
DEL POBRE
JA PÉREZ

LAS REGLAS QUE REGULAN LA
ABUNDANCIA
JA PÉREZ

EL FIN
de TODA
JACTANCIA
EXALTANDO LA COMPLETA
OBRA DE JESUCRISTO
JA PÉREZ

Las
Suegras
7
JA PÉREZ

Lecciones de
un viejo
PROFETA
mentiroso
JA PÉREZ

No se trata
de llegar
primero
Saber Llegar
JA PÉREZ

ENGLISH

create
3 new
habits

A simple guide to form new habits for a better, simpler, happier life

ja pérez

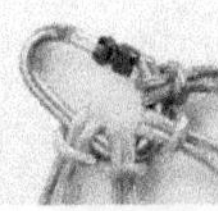

Dr. JA Pérez es escritor, misionero y precursor de movimientos de cosecha en América Latina.

Sus concentraciones masivas han atraido grandes multitudes durante años.

Con una trayectoria ministerial de más de cuatro décadas y varios libros publicados, sus esfuerzos hoy alcanzan a millones de vidas en todo el continente.

Su trabajo ha recibido menciones en cadenas internacionales como *CBN*, el *Club 700* y decenas de televisoras y periódicos en Centro y Sur América. En el año 2019 le fue otorgado el premio *John Wesley* (John Wesley Award) de la *Asociación Luis Palau* por su labor y liderazgo en el evangelismo mundial.

Es fundador de la *Escuela de Liderazgo Internacional™* y la *Facultad de Teología Latinoamericana™*, y ha equipado a miles de líderes y ministros para la obra del ministerio.

Él, su esposa y sus tres hijos viven en un suburbio de San Diego en California.

Blog personal y redes sociales

japerez.com

youtube.com/@porJAPerez

facebook.com/porJAPerez

tisbita

www.ingramcontent.com/pod-product-compliance
Lightning Source LLC
LaVergne TN
LVHW020048110826
845155LV00029B/687

* 9 7 8 1 9 4 7 1 9 3 4 8 2 *